跨文化交际视阈下的商务英语翻译探究

李莞婷 夏胜武 著

吉林出版集团股份有限公司
全国百佳图书出版单位

图书在版编目(CIP)数据

跨文化交际视阈下的商务英语翻译探究 / 李莞婷，夏胜武著. --长春：吉林出版集团股份有限公司，2020.12

ISBN 978-7-5581-9612-6

Ⅰ.①跨⋯　Ⅱ.①李⋯ ②夏⋯　Ⅲ.①商务－英语－翻译－研究　Ⅳ.①F7

中国版本图书馆 CIP 数据核字(2020)第 261984 号

跨文化交际视阈下的商务英语翻译探究
KUAWENHUA JIAOJI SHIYU XIA DE SHANGWU YINGYU FANYI TANJIU

著　　者	李莞婷　夏胜武
责任编辑	冯　雪
封面设计	崔　蕾
出　　版	吉林出版集团股份有限公司
发　　行	吉林出版集团社科图书有限公司
电　　话	0431－81629712
印　　刷	北京亚吉飞数码科技有限公司
开　　本	787mm×1092mm　1/16
字　　数	233 千
印　　张	13
版　　次	2021 年 8 月第 1 版
印　　次	2021 年 8 月第 1 次印刷
书　　号	ISBN 978-7-5581-9612-6
定　　价	86.00 元

如发现印装质量问题，影响阅读，请与印刷厂联系调换。

前　言

商务活动与商业贸易往来是一种交际行为,与语言沟通与交流有着密不可分的关系。语言本身也是文化的载体,其决定了在语言交流过程中,交际者必然会面对不同文化间存在的各类碰撞,这就是交际双方沟通中常见的文化障碍。目前,英语已经成了国际化的语言,但是由于不同国家文化与语言环境之间存在差异,生活观念与习俗也不同,这就要求译者应该对上述差异进行综合考量,从实际情况出发,将文化差异置于核心地位来考虑。

作为国际间开展商务往来的重要语言,商务英语包含国际贸易、国际经济、国际会计、国际金融等多方面的内容。也就是说,商务英语涉及的范围非常广泛。同时,商务英语的研究内容也非常复杂,因此商务英语翻译工作者不仅需要具备较丰富的英语语言知识,还需要掌握相关的文化背景知识,即掌握对方文化,只有这样才能克服商务交往与交流中的障碍,顺利实现贸易。具体而言,在翻译过程中,译者不仅需要关注民族的文化特征,还需要关注语义本身,通过对相应翻译技巧的掌握,实现以文化信息对等为基础的通顺翻译。基于此,特策划并撰写《跨文化交际视阈下的商务英语翻译探究》一书,以期更好地提升商务英语翻译质量,实现跨文化商务交流。

本书共有九章。第一章作为全书开篇,首先介绍了文化、跨文化交际及其理论的相关知识。第二章对商务英语翻译进行了概述,涉及翻译基本知识、商务英语的内涵与学科属性、商务英语翻译的意义与准则。第三章针对跨文化交际与商务英语翻译展开研究,如文化因素对商务英语翻译的影响、基于文化信息等值的商务英语翻译、跨文化交际视阈下商务英语翻译对译者的素质要求。在上述章节内容的基础上,第四章至第九章主要研究了跨文化交际视阈下的商务英语合同、商务英语说明书、商务英语信函、商务英语广告、旅游商务英语、商品品牌、商务名片的翻译知识。

总体而言,本书层次分明、结构合理、点面结合、详略得当。具体来说,本书在介绍各种商务英语翻译文本的原则与策略之前,具体分析了不同商务英语文本的语言特点,综合性较强。其次,本书突出时代特色,实用性强,尽可能地涉及各种商务英语翻译文本,如日常生活中常见的信函、合同、广告、旅游文本、说明书等,因此,本书具有很强的实用价值,可作为商务英语翻译实践的参考书。

本书由武汉学院李莞婷、夏胜武撰写完成，并由二人统稿。具体分工如下：

李莞婷：第一章、第二章第三节、第三章、第七章、第九章，共计10.8万字；

夏胜武：第二章第一至二节、第四章、第五章、第六章、第八章，共计10.7万字。

本书在撰写的过程中，参阅了大量有关商务英语翻译的资料或文献，同时为了保证论述的全面性与合理性，本书也引用了许多专家、学者的观点。在此，谨向以上相关作者表示诚挚的谢意，并将相关参考文献列于书后，如有遗漏，敬请谅解。由于作者写作水平有限，书中难免存在疏漏之处，恳请广大读者不吝指正。

作者

2020年11月

目 录

第一章 绪论 ··· 1
  第一节 文化基本知识介绍 ··· 1
  第二节 跨文化交际及其理论 ··· 14

第二章 商务英语翻译概述 ··· 29
  第一节 翻译基本知识介绍 ·· 29
  第二节 商务英语的内涵与学科属性 ······························ 52
  第三节 商务英语翻译的意义与准则 ······························ 55

第三章 跨文化交际与商务英语翻译 ······························· 61
  第一节 文化因素对商务英语翻译的影响 ······················· 61
  第二节 基于文化信息等值的商务英语翻译 ··················· 72
  第三节 跨文化交际视阈下商务英语翻译对译者的素质要求 ····· 74

第四章 跨文化交际视阈下的商务英语合同翻译 ············· 78
  第一节 商务英语合同简述 ·· 78
  第二节 商务英语合同的语言特点 ································· 82
  第三节 跨文化交际视阈下商务英语合同翻译的原则 ······ 86
  第四节 跨文化交际视阈下商务英语合同翻译的策略 ······ 89

第五章 跨文化交际视阈下的商务英语说明书翻译 ·········· 91
  第一节 商务英语说明书简述 ·· 91
  第二节 商务英语说明书的语言特点 ······························ 93
  第三节 跨文化交际视阈下商务英语说明书翻译的原则 ··· 96
  第四节 跨文化交际视阈下商务英语说明书翻译的策略 ··· 99

第六章 跨文化交际视阈下的商务英语信函翻译研究 ······ 104
  第一节 商务英语信函简述 ··· 104
  第二节 商务英语信函的语言特点 ································· 109

第三节　跨文化交际视阈下商务英语信函翻译的原则……………119
　　第四节　跨文化交际视阈下商务英语信函翻译的策略……………122

第七章　跨文化交际视阈下的商务英语广告翻译研究………………125
　　第一节　商务英语广告简述……………………………………………125
　　第二节　商务英语广告的语言特点……………………………………131
　　第三节　跨文化交际视阈下商务英语广告翻译的原则……………136
　　第四节　跨文化交际视阈下商务英语广告翻译的策略……………137

第八章　跨文化交际视阈下的旅游商务英语翻译研究………………140
　　第一节　旅游商务英语简述……………………………………………140
　　第二节　旅游商务英语的语言特点……………………………………144
　　第三节　跨文化交际视阈下旅游商务英语翻译的原则……………150
　　第四节　跨文化交际视阈下旅游商务英语翻译的策略……………151

第九章　跨文化交际视阈下的商品品牌与商务名片翻译研究………163
　　第一节　跨文化交际视阈下的商品品牌翻译…………………………163
　　第二节　跨文化交际视阈下的商务名片翻译…………………………182

参考文献………………………………………………………………………194

第一章 绪 论

当前,世界经济逐渐迈向全球化,文化也呈现了多元化的局面,跨文化交际活动越来越频繁,世界各国人民通过交际来了解彼此的语言与文化。现如今,语言已经不是阻碍国与国之间交往的一大障碍,能否对他国文化有所理解和把握成了国际交往的障碍和重要因素。所以,人们要想成功进行跨文化交际,首先就需要具备跨文化交际能力以及准确看待本国文化和他国文化。本章作为开篇第一章,首先分析文化与跨文化交际的基础知识,从而为后面章节内容的展开做铺垫。

第一节 文化基本知识介绍

无论是历史上还是现代社会,人们所说的社会都是全球社会,每一种文化都是将宇宙万物囊括在内的体系,并且将宇宙万物纳入各自的文化版图中。总体上说,文化涉及人与社会的关系、人的存在方式等层面。但是,其也包含一些具体的内容。下面就来具体论述什么是文化。

一、文化的内涵

对于普通人来说,文化是一种平时都可以使用到却不知道的客观存在。对于研究者来说,文化是一种容易被感知到却不容易把握的概念。对于文化的定义,最早可以追溯到学者爱德华·泰勒(Edward Burnett Tylor,1871),他这样说道:"文化或者文明,是从广泛的民族学意义上来说的,可以归结为一个复合整体,其中包含艺术、知识、法律、习俗等,还包括一个社会成员所习得的一切习惯或能力。"之后,西方学者对文化的界定都是基于这一定义而来的。1963年,人类学家艾尔弗雷德·克洛伊伯(Alfred Kroeber)对一些学者关于文化的定义进行总结与整理,提出了一个较为全面的观点。

(1)文化是由内隐与外显行为模式组成的。

(2)文化的核心是传统的概念与这些概念所带的价值。

(3)文化表现了人类群体的显著成就。

(4)文化体系不仅是行为的产物,还决定了进一步的行为。

这一定义确定了文化符号的传播手段,并着重强调文化不仅是人类行为的产物,还对人类行为的因素起着决定性作用。同时,其还明确了文化作为价值观的巨大意义,是对泰勒定义的延伸与拓展。

在文化领域下,本书作者认为文化的定义可以等同于2001年联合国教科文组织发表的《世界文化多样性宣言》中的定义:文化是某个社会、社会群体特有的,集物质、精神、情感等为一体的综合,其不仅涉及文学、艺术,还涉及生活准则、生活方式、传统、价值观等。

20世纪90年代之后,很多学者也对文化进行了界定,这里归结为两种:一种是社会结构层面上的文化,指一个社会中起着普遍、长期意义的行为模式与准则;一种是个体行为层面上的文化,指的是对个人习得产生影响的规则。这些定义都表明了:文化不仅反映的是社会存在,其本身就是一种行为、价值观、社会方式等的解释与整合,是人与自然、社会、自身关系的呈现。

二、文化的常见分类

(一)常规视角

1. 交际文化与知识文化

文化和交际总是被放到一起来讨论,文化在交际中有着无可替代的地位,并对交际的影响最大,因此有学者将文化分为交际文化和知识文化。

那些对跨文化交际直接起作用的文化信息就是交际文化,而那些对跨文化交际没有直接作用的文化就是知识文化,包括文化实物、艺术品、文物古迹等物质形式的文化。

学者们常常将关注点放在交际文化上,而对知识文化进行的研究较少。交际文化又分为外显交际文化和内隐交际文化。外显交际文化主要是关于衣、食、住、行的文化,是表现出来的;内隐交际文化是关于思维和价值观的文化,不易被察觉。

2. 物质文化、制度文化与精神文化

三分法是将文化分为物质文化、制度文化和精神文化的分类方法。

人从出生开始就离不开物质的支撑,物质是满足人类基本生存需要的必需品。物质文化就是人类在社会实践中创造的有关文化的物质产品。物质文化是用来满足人类的生存需要的,只是为了让人类更好地在当前的环境中生存下去,是文化的基础部分。

人是高级动物,会在生存的环境中通过合作和竞争来建立一个社会组织,这也是人与动物有区别的一个地方。人类创建制度,归根到底还是为自己服务的,但同时也对自己有所约束。一个社会必然有着与社会性质相适应的制度,制度包含着各种规则、法律等,制度文化就是与此相关的文化。

人与动物的另一个本质区别就是人的思想性。人有大脑,会思考,有意识。精神文化就是有关意识的文化,是一种无形的东西,构成了文化的精神内核。精神文化是人类在认识世界和改造世界的过程中挖掘出的一套思想理论,包括价值观、文学、哲学、道德、伦理、习俗、艺术、宗教信仰等,因此也称为观念文化。

(二)人类学视角

人类文化相当于一个金字塔,金字塔底部的是大众文化,金字塔中间的是深层文化,金字塔顶部的是高层文化。

大众文化是普通大众在共同的生活环境下共同创造出来的一种生活方式、交际风格等。

深层文化是不外显的,是内隐的,对大众文化有着指导作用,包括思维和价值观等。

高层文化又称"精英文化",它是指相对来说较为高雅的文化内涵,如哲学、历史、文学、艺术等。

(三)语用学视角

语用学研究的是语言在一定语境中的具体意义。语境是理解语言的重要元素。因为文化和语言分不开,因此文化和语境也是相互联系的。语言依赖于语境,同样的,文化也对语境有一定程度上的依赖。但是,不同的文化对语境的依赖程度是不尽相同的。在不同的文化中,人们通过语境进行交际的方式及程度就存在着差异,而这种差异制约着交际的顺利进行。

按照文化对语境依赖程度的不同,可以将文化分为低语境文化和高语境文化。低语境文化是指对语境的依赖程度较低、主要借助语言符号进行交际的文化。高语境文化是指对语境的依赖程度较高、主要借助非语言符号进行交际的文化。西方国家通常是低语境文化，一些亚洲国家通常是高语境文化。

在低语境文化中进行交际时，人们大多是通过符号来传递交际信息的。在高语境的文化中，交际环境和交际者的思维携带着大部分的交际信息。由此可见，语言信息在低语境文化内显得更为重要。他们在进行交际时，要求或期待对方的语言表达要尽可能清晰、明确，否则他们就会因信息模棱两可而产生困惑。在高语境文化中，人们往往认为事实胜于雄辩，沉默也是一种语言。因此，低语境文化与高语境文化的成员在交际时易发生冲突。

虽然按照不同的视角，文化的分类不同。但有一点需要明确，那就是文化无优劣、高下之分。世界相当于一个村落，其中的任何民族和国家都享有平等的权利，其中的成员在人格上都是平等的，不应该因为文化的不同而被区别对待。例如，中国人习惯用筷子，西方人习惯用刀叉，有人说使用筷子有利于人脑发展，也有人说使用刀叉简单。因此，文化不是用来比较和评价的，只是用来促进交际的。

三、文化的基本特征

（一）历史性

文化具有历史性的特征，这是因为其将人类社会生活与价值观的变化过程动态地反映出来。也就是说，文化随着社会进步不断演进，也在不断地扬弃，即对既有文化进行批判、继承与改造。对于某一历史时期来说，这些文化是积极的、先进的，但是随着时代的发展，这些文化又可能失去其积极性、先进性，被先进的文化取代。例如，汉语中的"拱手"指男子相见时的一种彼此尊重的礼节，该词产生于传统汉民族文化中。然而随着历史的发展，这一礼节已经不复存在，现代社会常见的礼节是鞠躬、握手等。因此，在当今社会，"拱手"一词已经丧失了之前的意义，而仅作为文学作品中传达某些情感的符号。

（二）民族性

文化具有民族性特征。人类学家克利福德·格尔茨（Clifford Geertz）这样说道："人们的思想、价值、行动，甚至情感，如同他们的神经系统一样，都是文化的产物，即它们确实都是由人们与生俱来的能力、欲望等创造出来的。"这就是说，文化是特定群体和社会的所有成员共同接受和共享的，一般会以民族形式出现,具体通过一个民族使用共同的语言、遵守共同的风俗习惯,其所有成员具有共同的心理素质和性格体现出来。

(三)实践性

实践是人类对文化进行创造的自觉性、能动性的活动,而文化是人类进行实践的内在图式。简单来说,文化具有实践性特征,具体可以表现为两点。首先,实践对文化起决定性作用。人类展开实践的手段与方式决定着文化的性质。在这些实践手段与方式中,物质生产方式居于基础地位。其次,文化对实践有促进作用。这是因为实践往往是在某些特定文化中展开的,如果没有文化背景的融入,那么实践就会非常困难。另外,文化对实践的展开有着巨大的指导意义,也正是由于文化的指导,实践才能取得成功。

(四)主体性

文化是客体的主体化,是主体发挥创造性的外化表现。文化具有主体性的特征主要源于人的主体性。所谓人的主体性,即人作为活动主体、实践主体等的质的规定性。人通过与客体进行交互,才能将其主体性展现出来,从而产生一种自觉性。一般来说,文化的主体性特征主要表现为如下两点。

首先,文化主体不仅具有目的性,还具有工具性。如前所述,由于文化是主体发挥创造性的外化表现,因此其必然会体现文化主体的目的性,只有这样才能促进人的全面发展。另外,文化也是人能够全面发展的工具,如果不存在文化,那么就无法谈及人的全面发展,因此这体现了文化的工具性。

其次,文化主体不仅具有生产性,还具有消费性。人们之所以进行生产,主要是为消费服务的,而人类对文化进行生产与创造,也是为了更好地进行消费。在这一过程中,对文化进行创造属于手段,对文化进行消费属于目的。

(五)社会性

文化具有社会性特征,这主要表现在如下两点。

首先,从自然上来说,文化是人们创造性活动的结果,如贝壳、冰块等自然物品经过雕琢会变成饰品、冰雕等。

其次,从人类行为上来说,文化起着重要的规范作用。一个人生长于什么样的环境下,其言谈举止就会有什么样的表现。另外,人们可以在文化的轨道中对各种处世规则进行把握,因此可以说人不仅是社会中的人,也是文化中的人。

四、中西文化的发展与变革

(一)中国文化的发展与变革

中国是历史悠久、文明开化最早的国家之一。中国文化与西方文化共同为人类文明进步做出了突出贡献。

1. 秦汉到明代的文化

中华民族有着发达的农业和手工业,直到16~17世纪,中国文化依然走在世界前列。秦汉到明代中叶,文化发展的标志性事件主要包括张骞出使西域、宋元时期四大发明的西传、马可·波罗游记的诞生、郑和下西洋等。

张骞出使西域,标志着中国大规模地向外派遣政治使节的开始。公元前139年,为了对付日益强大的匈奴部落的侵犯,汉武帝采取了正面进攻与联合其他受匈奴压迫的部落共同行动的战略。张骞出使西域就是这种战略之下的一个布局。在出使的13年里,张骞经历了战乱流离、扣留软禁、奴役劳作、情感诱惑等各种磨难,了解了西域的政治、经济、地理、风俗等。这次出使虽然没有达到联合其他民族的目的,但是为中西文化交流打开了一条通道。自此,西域与汉朝的贸易、文化往来日趋活跃,汉朝的丝绸通过西域运往更远的地方,因此形成了著名的"丝绸之路"。

宋元时期四大发明的西传。宋元时期的四大发明是借助阿拉伯人传入西方的。四大发明的西传直接导致了欧洲文艺复兴运动。以四大发明为代表的中国先进文化的西传,催生了西方资产阶级以及西方的近代化。

马可·波罗游记的诞生。中国元朝不断进行海外扩张,出于政治或宗教的目的,西方也不断派遣使节来华,并且一些欧洲商人也频繁来到中国经商。1275年,马可·波罗一家受罗马教廷委托,送信函给元朝皇帝忽必烈。这一送,倒是把他留在了中国,他在中国度过了17个年头。他到处游历,包括中国和其他国家,并撰写了震撼欧洲的《马可·波罗游记》一书。该书肯定了中国元朝发达的物质文明和精神文明,激起了欧洲探索中华民族的欲望。

郑和下西洋。明初,明成祖朱棣实行对外开放的政策,海上丝绸之路十分繁荣。郑和连续七次统率百艘巨舰以及众多官兵,渡过南洋、印度洋,到达红海,历经东南亚、南亚、西亚、东非的多个国家和地区,与所到国家和地

第一章 绪 论

区进行经济文化交流,主要是输出中国先进的物质文化、制度文化和精神文化。

2. 明代中叶到晚清的文化

明朝万历年间,以利玛窦为代表的传教士对西方文化在中国的传播做出了很大贡献,以徐光启为代表的中国知识分子对中国文化在西方的传播也做出了很大贡献,他们对中西文化的融汇都做出了有益的尝试。从明代中叶到晚清,传教士是中西文化交流的重要媒介之一,但是传教士所传来的"西学"也有自己的局限性,仅限于中世纪封建教会的神学和经院哲学。

明朝国力下降,又实行长达百年的封闭政策,政治混乱,土地赋税沉重,平民百姓生活艰苦,由此引发了严重的社会危机。在这种形势下,一些知识分子就开始反思,开始倡导"经世致用"的求实精神,这也为西方新观念进入中国打开了一扇门。此时的西方世界在吸收了东方的先进文化之后,在资本主义生产关系和生产力方面表现出了强大的生命力,并开始迫切寻求海外市场。

但是,尚未进行工业革命的西方,生产力还不够发达,对文明程度较高的中国贸然采取行动也无法轻易取胜,于是就派遣传教士深入中国,了解中国,试探中国,而不是一开始就武力相加。所以,传教士是中西方文化和平交流的主要使者。

意大利人利玛窦是西方传教士中的成功典范。他从1597年开始常驻北京,他非常熟悉中国传统文化,制订了天主教儒学化和科学传教的方针。他为了融入中国社会,主动中国化,用知识和文化打动中国的士大夫,进而在这样一个古老而专制的社会里传播自己的信仰和文化。不同的文化在接触的过程中必然产生冲突,区别在于冲突的严重程度如何。在传教之初,由于范围的限制和理智的政策,冲突并没显现出来。但是随着天主教势力的增强,天主教的礼仪和中国传统礼仪的矛盾便显露了出来,文化冲突由此显现,主要表现为教案的连续发生。两种不同的历史文化在交流的过程中不可狂妄自大,而是要不断思考怎样才能融会贯通、消化吸收。在这次文化交流中,文化融合是主流,文化冲突是支流。

3. 近代中国文化

在鸦片战争时期,中国文化已经变得腐朽,而西方的现代因素已经发展得很成熟了。西方对中国的态度由学习、崇拜变为侵略,清王朝的闭关锁国也无法真正阻止西方文化的入侵。当中国与外界隔绝的状态被暴力打破的时候,解体是之后必然会发生的事情。

跨文化交际视阈下的商务英语翻译探究

中国经历了前所未有的历史大变局,这一祸根归因于中国人的心态与实际角色脱节1000多年而不自知,中国人没有意识到外来文化的挑战。鸦片战争后,经历了丧权辱国之痛的中国先进知识分子,积极学习西方先进的科技和文化,以洋务运动、辛亥革命、五四新文化运动为代表,并不断探索。

洋务运动。以林则徐为代表的先进人士首先提出向西方学习,发起了旨在自强自救的洋务运动。洋务运动的指导思想是用西方的科学来巩固封建制度。洋务运动经历了30个年头,在军事工业、工矿业及交通运输等领域积极向西方学习,创立了中国近代海军。但是,洋务运动的局限性也是很明显的,即引进的基本只是物质文明。

辛亥革命。中日甲午战争的失败说明,洋务运动只引进物质文明,无法从根本上挽救民族危机,于是有了以康有为和梁启超为代表的维新变法运动,有了辛亥革命。虽然两者最终以失败告终,但是标志着中国有识之士对于西方文明的认识已经达到中间的制度层面。

五四新文化运动。第一次世界大战后,面对西方国家对于中国的不平等待遇,中国知识分子掀起了五四新文化运动。五四新文化运动倡导民主和科学,标志着中国人对西方现代文明的理解已经达到了思想文化的深层结构。与此同时,马克思主义开始在中国广泛传播,它在本质上是中西文化交流的产物。在马克思主义与中国工人运动相结合的基础上,中国共产党诞生了,预示了中国文化必定独辟蹊径,走出一条不同凡响的道路。

通过以上简要回顾中国文化的发展变迁可以看出,文化作为上层建筑,自始至终受到经济基础的制约。近代之前,由于地理距离的遥远和科技、生产力的落后,世界各地之间的文化交流非常有限。张骞出使西域、甘英出使大秦、四大发明西传、郑和下西洋等,都是在国家强大的经济实力保障下进行的。到了近代,科技、通信、经济的发展,促使了文化大规模的发展。

根据虚实平衡法则,先进的文化总是向后进的文化输入;根据互通有无法则,后进的文化总是模仿先进的文化。文化的交流是双向的,但时而平衡,时而不平衡。发展层次高的文化总是居于优势与主流,处于相对主动的地位,另一方则处于相对被动的地位。在两种文化的交锋中,弱势文化必然向强势文化靠拢,但这种靠拢要经历一个由浅入深、由表及里的过程。

任何文化交流在初始阶段,大抵都是非常表面的接触,尔后进一步的发展则建立在这些初步尝试的基础上。文化的相遇和交流没有快捷的方式,需要耐心、虚心与灵活度。文化的闭关自守是行不通的。文化隔离虽然在一定历史时期中巩固了文化的特质,但文化隔离在总体上毕竟是与整个人类文化发展相背离的,也无法使民族文化永葆生机与活力。

任何民族的精神思想都需要外来的刺激和启发,单靠在固有文化圈内

第一章 绪 论

进行自我改进是不能持久的。吸收外来文化先进的、适合自己的东西,文化就会蓬勃兴起;而不与外界进行交流,只在自己领地内近亲繁殖,文化就会逐渐衰弱。文化交流的主动性越强,文化复兴的可能性就越大,如不主动进行文化交流,则会趋于边缘化或消亡。

(二)西方的文化发展与变革

1. 古希腊时期的文化

(1)思想文化

古希腊是西方哲学的故土,哲学在当时与其他学科交织在一起,被称为统摄群学的学问,苏格拉底、柏拉图、亚里士多德被称为哲学"三圣"。柏拉图把哲学分为辩证学、法学、物理学、伦理学等门类,亚里士多德则将哲学扩大到几乎包括讨论宇宙和人生的所有学问,因此,当时的哲学家同时也是自然科学家或其他学问专家。

古希腊哲学是在神话思维、原始宗教意识的基础上诞生的,是人类理性发展的产物,是在以理性代替了幻想、以智慧代替了想象、以经验的事实作为探索和解释的基础上而产生的。被称为欧洲哲学之父的泰勒斯是米利都哲学学派的创始人,他早年曾游历过埃及和巴比伦,学习过几何学和天文学,经过多方面的科学活动,他认为,万物的始基或本源源于水,万物生于水,又复归于水。这反映了古希腊人对海洋的尊重,把水作为万物的创造者,标志着哲学已摆脱了宗教神话。爱菲斯学派代表哲学家赫拉克利特继承了米利都学派的思想主张,认为运动是世界的普遍原则,火则是生命的本原,提出"我们不能两次同时踏进同一条河""太阳啊,每天都是新的,永远不灭的更新",从而指出万物流动的自然规律。

苏格拉底是古希腊人文哲学的鼻祖,他把哲学研究的对象直接指向人本身,他认为,哲学是对人与社会的探讨,目的在于"认识自己"。他是西方思想史上第一个要求哲学应以"自我认识"为开始的人。在知识论方面,他提出"美德就是知识",而知识的对象是"善","善就是自知和自律",要求人要有自知之明和自我克制,强调了知识和行为的联系,在某种意义上讲,他是西方认识论和伦理学的奠基人。在论辩法上,他善于在辩论中揭露对方的矛盾,通过提问,把辩论引导到他所要达到的目标,后人把此种方法称为"苏格拉底反诘法"。苏格拉底常在雅典街头就人应具有的品格问题及真善美问题与人辩论。

柏拉图是苏格拉底的学生,他所创立的"理念论哲学"对西方的思想史和哲学史产生了巨大影响。除了理性,他又提出了意志和感情两种概念,还提出了三种美德论,三种美德指智慧、勇敢、节制。智慧是理性引导的结果,凭借意志坚持理性,就会产生勇敢,而理性控制感情就是节制,有了这三种美德后,才会有第四种美德,就是正义。

在艺术方面,他认为艺术家的创作是模仿个别事物的,因此,艺术作品是"摹本"的"摹本",与理念隔了两层,因此,艺术不可能表现出真正的美,真正的美是艺术无法表达的,美属于哲学,艺术的美不过是美的影子而已。

柏拉图认为,除自然和人之外,存在着高居其上的"理念",这与神教的"上帝"观念颇为相近,所以这一观点对后来的神学影响很大。柏拉图的理念论引导人们不满足于感官的认识而去探究真理的精神,以及从局部经验向更高理性认知的方式,无疑会鼓励人们探求宇宙、探求自然,进而探求人的本身。

亚里士多德是柏拉图的学生,曾任亚历山大大帝年轻时的教师,他否认柏拉图的"理念论",认为离开个别事物的理念根本是不存在的,真正的知识存在于客观事物中。

亚里士多德是古希腊文化的集大成者,他在哲学、政治学、伦理学、逻辑学、动物学、天文学、物理学、诗学、修辞学诸多方面都有开创与建树,其著作有万种之多,他完成了希腊哲学的系统化,提出科学分类的思想,还提出了有名的"二段论",为逻辑学的发展打下了基础。他的《修辞学》《诗学》奠定了西方文艺理论的基础,他的《理想国》则描述了一幅理想的国家范式。

在哲学上,他最大的贡献是提出了一切事物都是"质料"和"形式"构成的"二元论"的理论,他认为事物皆由质料和形式二者构成,如一尊大理石像,质料是大理石,形式是阿波罗形象,二者是不可分割的,而形式要比质料重要得多。因为是形式使质料变为现有的事物,没有阿波罗这一形式,大理石就不可能成为大理石雕像,但质料和形式二者谁是本源的问题,亚里士多德没有解答。

(2)科学、艺术、历史学、技术

古希腊科学技术的成就是多方面的,数学家欧几里得在《几何原本》一书中,将各种定理、命题按照逻辑关系清晰地表达出来,成为近代几何学的奠基人。著名数学家阿基米德发现宇宙定理与杠杆原理,成为力学与流体力学的创始人。值得指出的是,古希腊科学家在探讨自然现象时注意深入事物的内部探究本质上的东西,尤其重视理论上的探讨,使哲学与科学相映成趣。

古希腊在历史、文学等层面取得了显著成就,希腊神话与三大悲剧作家就是很好的诠释,这些悲剧作家创造出人类早起的悲剧作品,为西方悲剧文化奠定了基础。在历史学方面,有希罗多德、修昔底德、色诺芬三大历史学家。

2. 古罗马时期的文化

在古希腊文化之后,古罗马文化诞生,并对其进行集成,罗马文化在哲学、文学、雕塑等多个层面都是对古希腊文化的继承和发展。

罗马人使用的拉丁字母是世界上广为流行的字母体系,这已是不争的事实。拉丁字母是在继承希腊字母简单、美观、匀称、便于书写和阅读的优点上发展起来的。15 世纪的意大利,在书写上出现了"人文主义体",即大写体,另外还有一种草写体,后来分别衍生出用于印刷的楷体与手写的斜体这两种文体。

在哲学上,古罗马的流派众多,影响较大的有"新斯多噶学派"。这个学派提出了较系统的"自然法"理论,认为"自然法"是正义与理性的体现,是任何一个人及国家都必须遵守的法则,由于文明人和野蛮人都具有自然法赋予的理性,因此人本来就是平等的,人们要消除对立和差别,所有人都具有理性,成为一个社会共同体,这才是自然法要求的精神。社会应该是"世界国家",自然法应该是"世界法律"。显然,斯多噶学派不仅要求人们逆来顺受、安分守己,而且还要求消除所有的矛盾和对立,以实现世界国家的理想,这一理论反映了奴隶主贵族的愿望和要求。

在文学艺术创作方面,罗马人在向希腊人学习的基础上,在诗歌、散文、戏剧、人物传记诸方面都取得了辉煌的成就。散文方面,西塞罗的演说词和书信类散文,辞藻华美,词义生动,妙语连珠,并且结构严谨,逻辑性强,具有很强的论辩性和说服力,被称为"西塞罗文体"。著名诗人维吉尔的《牧歌》歌颂了意大利的田园风光,表达了对生活的向往。

罗马文化扬弃了希腊文化中消极的成分,在文化观念上,希腊王公贵族的挥霍无度、醉生梦死、骄奢淫逸、浮华奢靡等风气,在一定时期、一定程度上被罗马文化所否定。

3. 文艺复兴时期的文化

文艺复兴的核心是人文主义运动,就其实质来看,人文主义是以个体本位为基础的资产阶级个人主义思潮,这一思潮的核心是人本观,显示以个人为中心的鲜明特征。正是借助这种新的价值观,人文主义思潮逐渐向整个思想文化领域渗透,形成文艺复兴这一新的文化运动。

欧洲社会经济的演变,是决定文艺复兴形成和发展的重要因素。14 世纪初,由于生产技术的进步和生产力的提高,资本主义开始萌芽;15 世纪末,随着地理大发现,世界市场的形成、资本主义的发展受到进一步刺激。

但是,当时占统治地位的封建生产关系严重阻碍了资本主义前进的步伐,在这种情况下,资产阶级发起反封建的思想文化运动就成为必然。

人文主义思潮最早出现于意大利,这绝不是偶然的。随着意大利北部城市资本主义萌芽的生成,市民、农奴逐渐摆脱了封建依附体制的束缚,走出中世纪小生产的天地,投身于商品经济的大潮。在商品生产中,自由竞争和等价交换使人们的思想观念发生了质的变化,人们由群体本位的人身依附渐渐培植起"个体本位"的独立意识,为人文主义思潮的勃兴提供了深厚的社会思想土壤。

资本主义的萌芽形成了早期的资产阶级,他们拥有了经济权,进而也取得了政治上的权力,为了获取更多的利润,他们关心生产,改进技术,开辟新商道,扩大国内外市场。登上政治舞台后,这些人不同程度地参与了政治,从不同的角度提出了反对宗教束缚、反对经院哲学的新主张。

人文主义的思潮伴随着资本主义萌芽的发育,首先出现在意大利北部的三个城市:威尼斯、热那亚、佛罗伦萨,这些城市已成为当时工商业的中心。城市的发达改变了人们的生活方式,使人们的价值观发生了很大的变化,人们开始主动追求财富、自由、民主,因此,城市的发展,一方面打破了封建的生产关系,另一方面,新生资产阶级与此相应提出了新的生活欲望和新的生活要求。文艺复兴开始之际,意大利尚处在四分五裂中,城市之间的冲突、城市内部争权夺利的斗争、外敌的入侵、罗马教廷的干预,使整个城市动荡不安,城市居民企盼和平、希望安定就成为必然,封建军队的首领利用当时的形势和人们的情绪,在各个城市建立起了封建独裁政权以维持现有的社会秩序。这些专制君主上台后,纷纷招揽与重用那些熟悉古典文化、多才多艺的人文学者,让其充当政治顾问、文学侍讲、家庭教师、宫廷秘书,以及外交官及修建教堂的总监等,客观上形成了尊重知识、尊重人才的风气,为人文主义的思想文化传播、创造提供了有利的条件与环境,有力地促进了文艺复兴的酝酿和发展。大学对文艺复兴运动的兴起起到了不可替代的作用。最初的学校是由教会控制,但随着资本主义的萌芽,为适应人们对知识和科学的渴求,大学教育发展较为迅速。到了14世纪,意大利已有18所大学,"大学是科学家的摇篮",文艺复兴时期的许多人文学者都受到了大学教育,这时的大学设置了人文学科,传播世俗文化,以人和自然为研究对象,讲授学术、哲学、语言、文学等,促进了人文主义思想的形成和发展。

意大利有着深厚的文化底蕴,传统文化在推动意大利文艺复兴中也发挥了重要作用。丰富的文化典籍,图书院大量的藏书,使人文主义者在搜集研究古典文献中找到了自由、平等、民主等思想理论依据,并以此来抵制封建等级制度和教会的蒙昧及禁欲主义,用古罗马的统一所营造的辉煌来针

第一章 绪 论

砭意大利的四分五裂。

人文主义的思想文化成就是多方面的,文艺复兴最初是从文学领域开始的。意大利出现了三位人文主义的主要代表:但丁、彼得拉克、薄伽丘,被称为文艺复兴三杰,他们是西方近代文化的先驱者。

最能代表法国文艺复兴精神的是小说家拉伯雷和散文家蒙田,拉伯雷是法国最著名也是欧洲最享有盛名的人文主义作家,他学识渊博、多才多艺,他的五卷本长篇巨著《巨人传》,通过巨人国王卡冈都亚和其子庞大固埃的神奇故事,以夸张手法歌颂了人类的智慧和力量,揭露批判了教会及其经院哲学,讽刺了教士的无能,抨击了司法机关的贪污腐败,反映出人民不堪压迫、必然起来反抗的历史趋势。作品的现实主义讽刺艺术,对后世的文学创作产生了巨大的影响。

蒙田是法国文艺复兴时期的重要作家,他的《随笔录》是一篇散文作品,同时也是一部哲学和政治思想著作,该作品的问世标志着散文正式进入文学领域,作品充分表达了对个性、人性的尊重及对整个世界、整个人类的关注。他用怀疑的态度揭露抨击了人与生俱来的弱点和缺点,发掘了人性丑恶的一面,表达了人文主义者对自身人性的评价态度。

西班牙文艺复兴时期代表作家塞万提斯,其不朽名著《堂吉诃德》,表现了西班牙16世纪到17世纪社会政治、经济、道德、文化、风俗的各个方面,广泛反映了西班牙的社会生活,深刻揭露了封建贵族的骄奢淫逸,无情讽刺了骑士制度和骑士文学,对被压迫者的疾苦表现出深切同情,展示了作者的人文主义思想。

"文艺复兴"的文学,但丁开其端,莎士比亚总其大成。莎士比亚是欧洲文艺复兴时期最有成就的戏剧家和诗人,他一生共创作悲剧、喜剧、历史剧37部,还有两首长诗和154首14行诗。他在作品中热情讴歌了人,称人是"宇宙的精华,万物的灵长",他的戏剧创作多取材于古希腊、古罗马、意大利、英国古代的故事和传说,反映的都是英国的现实,他创造的哈姆雷特、奥赛罗、李尔王、夏洛克、罗密欧与朱丽叶等艺术形象,成为千古不朽的艺术典型,恩格斯称赞"莎士比亚创作的情节是生动性和丰富性的完美融合"。

4. 近代时期的文化

美国科学家迈克尔逊和莫雷在1887年进行了一次高灵敏度的光学试验,来检验牛顿的"以太"论。牛顿所描写的宇宙是物质的,物质由原子构成,由于"以太"的存在,物质的运动才成为万能,而"以太"是一种独特的透明载体,物质悬在其中,受到宇宙力量的推动,就在"以太"中运动。但试验结果证明,"以太"根本就不存在。这一论断导致了爱因斯坦"相对论"的提出,"相对论"彻底否定了牛顿的理论。

爱因斯坦认为,物质和能不是相同的东西,而是处于不同状态下的两种形式,二者可以相互转化。能与物质的质量有关,一个小的物体,也可以释放出巨大的能量,运动是永恒的,当物体的运动接近光的速度时,物体就缩小了。这表明,空间可以在运动中扩大或缩小,光本身也有质量,有质量就要受到重力的影响,因此遥远星球上的光线,通过太阳重力场时,必然偏斜,试验确系如此。

爱因斯坦的相对论彻底推翻了牛顿定律,它告诉世人,宇宙中没有绝对的规律,宇宙是无限的。爱因斯坦的时空规律虽然对人文学科形成极大的影响,但他依然没有指出人类社会的存在和人类思维的关系。

奥地利精神分析学家弗洛伊德创立了精神分析法,这又是一次伟大的革命,他的学说对传统道德造成了极大的冲击,鼓励人们向传统的世俗思想进行挑战,对公众的影响远远超过爱因斯坦的相对论。

弗洛伊德学说集中在他的《释梦》《日常生活心理病学》等著作中。19世纪以前的思想家和社会学家都把人看成是具有理性的、有意识的,人们的思想和行为都受到外界力量的支配。弗洛伊德在看到人的理性一面的同时,也看到了人也是非理性的和具有潜意识的,潜意识受到内部力量的驱使,人时刻面临着不断的挑战,社会需要人把本能的冲动转化为思想,变为社会能接受的"超我",当转变失败时,就会导致精神病,潜意识中最有动力的则是性冲动。这样弗洛伊德就揭示了人类心中潜意识的奥秘,这一发现对建立在理性基础上的资产阶级的政治、经济、社会伦理等观念,无疑是一个沉重打击,引发了20世纪人类思想的大解放。

第二节 跨文化交际及其理论

通过跨文化交际,国与国之间可以相互交流,这种交往的过程是十分复杂的。虽然交流的时空距离在不断缩小,但是人们的心理距离、文化距离并没有随之缩小。由于受文化取向、价值观念等的影响,文化差异导致了一些冲突和矛盾的出现,不同文化背景下人们的交流面临着严峻的障碍。为了解决这些障碍,对跨文化交际进行研究是十分必要的。

跨文化交际这一现象并不是近期才出现的,而是自古就有。随着人类不断进步,跨文化交际的内容、形式等也在不断改变。在当今时代,跨文化交际的手段和内容变得更为丰富。当然,对跨文化交际进行研究也有很长的历史。本节首先分析什么是跨文化交际。

第一章 绪 论

一、什么是跨文化交际

"跨文化交际"一词是由著名学者霍尔(Hall)提出的[①],常用 cross-cultural communication 或者 Intercultural communication 这两个意思相近的词来表达,即指代的是一些长期旅居国外的美国人与当地人之间展开的交际。但是,随着跨文化交际的深入,其定义变得更为广泛,指的是不同文化背景下的人们之间展开的交际活动。

现如今,很多人将跨文化交际定义为:来自不同背景的人们之间,通过语言来实现信息的交流与共享的过程。

二、跨文化交际的要素

跨文化交际的过程是一个信息编码与解码的过程。这一过程是非常复杂的,同时受到多种因素的影响和制约。其主要包含两大要素,一是言语交际,另一个是非言语交际。下面就来分析和探讨这两大要素。

(一)言语交际

语言是人们进行交际的要素之一。语言跨越了人们的心理、社会等层面,与之相关的领域也很多。对语言进行研究不仅是语言学的任务,也是心理学、社会学等学科的任务和内容。因此,语言与交际关系的研究具有明显的跨学科性。

人具有很多特征,如可以制作工具、可以直立行走、具有灵巧的双手等,但是最能够将人的本质特征反映出来的是人的语言。人之外的动物也可以通过各种符号来进行信息的传递,如海豚、蜜蜂等都可以传递信息,但是它们所传递的信息只能表达简单的意义,他们的"语言"是不具备语法规则的,也不具有语用的规则。

人们往往通过语言对外部世界进行认识与理解。语言具有分类的功能,通过分类,人们可以对事物有清晰的了解与把握。人们的词汇量越丰富,他们对外部世界的认识就越清晰、越精细。

1. 言语交际的过程

人们在进行言语交际的过程中,往往会存在一个信息取舍的过程。下

---

① Hall Edward T. *The Silent Language*[M]. New York: Anchor Books, 1959:5.

面通过图 1-1 来表达言语交际的具体过程。

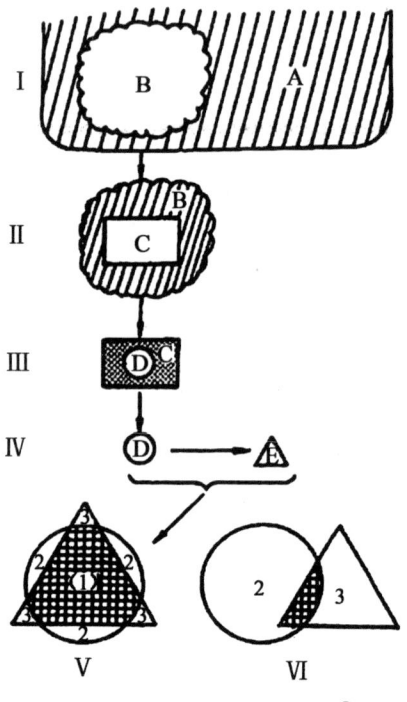

图 1-1　言语交际的过程①

(资料来源:陈俊生、樊崴崴、钟华,2006)

在图 1-1 中,A 代表的是人们生活的无限世界,B 代表的是人类的听觉、视觉、嗅觉、味觉、触觉这五种感官所能触碰到的部分,如眼睛可以触碰到光线的刺激,耳朵可以触碰到 20～2 万周波声。另外,当这些感官不能处理多个信息的时候,在抓住一方时必然会对另一方进行舍弃。不过,还存在一些不是凭借五感来处理的,而是通过思维和感觉的部分。例如,平行的感觉、时间经过的感觉就属于五感之外的感觉。人们在头脑中进行抽象化的思维,有时候与五感的联系不大。

C 代表的是五感可以碰触的范围中个人想说、需要注意的部分。D 代表的是个人注意的部分中用语言能够传达出来的部分,这里也具有一定的抽象性。例如,人的知觉是非常强大的,据说可以将 700 万种颜色识别出来。但是,与颜色相关的词汇并不多。就这一点来说,语言这一交际手段是相对贫弱的。同时,语言具有两级性,简单来说就是中间词较少。尤其是语

---

① 严明.跨文化交际理论研究[M].哈尔滨:黑龙江大学出版社,2009:59.

言中有很多的反义词,如善—恶,是很难找到中间词的。我们这样想一下,我们通过打电话来告诉对方如何系鞋带,通过广播来教授舞蹈等。

E代表的是对方获取的信息,到了下面的第Ⅴ阶段,是D和E的重叠,在重叠的部分,1是指代能够传递过去的部分,2与3是某些问题的部分,其中2是指代不能传递过去的部分,3是指代发话人虽然并未说出,但是听话人自己增加了意义。在跨文化交际过程中,由于不同人的世界观、价值观不同,因此完全有可能形成Ⅵ的状况。

总之,从图1-1中我们不难看出,从A到E下降的同时,形状的大小也在缩小,这就表示信息量也在逐渐变小。这里面就融入了抽象的意义,在阶段Ⅰ中,人的身体如同一个过滤器;在阶段Ⅱ中,人的思维、精神等如同一个过滤器;到了阶段Ⅲ,语言就充当了过滤器。这样我们不难发现,语言交际不仅有它的长处,也具有它的短处。为了更好地展开交际,就需要对言语交际的这一长处与短处有清楚的认识。

2. 言语交际的内容

在对跨文化交际影响的多个因素中,语言作为文化的重要表现,是跨文化交际的一大障碍。从萨丕尔—沃尔夫(Sapir-Whorf)假设中我们不难发现,语言是人们对社会现实进行理解的向导,对人们的感知和思维有着重要的影响。无论是何种语言,都有其独特的语音、词汇、语法、语言风格等。对一门外语进行学习,对其语言习惯与交际行为的了解有着十分重要的意义。

(1)言语调节

语言并不是一个简单的交流工具,语言不仅是文化的载体,它还是个人和群体特征的表现与象征。一般来说,能否说该群体的语言是判断这个人是否属于该群体的标志。同样,某些人都说同一语言或者同一方言,那么就可以很自然地认为他们都源自同样一种文化,他们在交流时也会使用该群体文化下的行为规范、价值观念、交际风格,因此也会让彼此感到非常的轻松。正因为所说的语言体现出发话人的身份,而且人们习惯于与说自己语言的人进行交流,因此学外语的热潮无论在国内还是国外都热度很高,人们都想得到更多群体的认同。不仅如此,语言还标志着一个民族的文化独立与主权,其对于一个国家的民族而言是非常重要的。统一的语言是民族、群体间的黏合剂,其有助于促进民族的团结。更为有趣的一点是,人们对其他民族语言如此的崇尚,往往会产生爱屋及乌的想法,对说这种语言的外国人会不自觉地流露出亲近与欣喜之情。

语言具有的这种个人身份与凝聚力预示着言语调节的必然性。所谓言语调节,又可以称为"交际调节",即人们出于某种动机,对自己的语言与非语言行为进行调整,以求与交际对象建构所期望的社会距离。一般而言,发话人为了适应交际对象的接受能力,往往会迎合交际对象的需要与特点,对自己的停顿、语速、语音等进行微调。

常见的言语调节有妈妈言语、教师言语等,就是妈妈、教师等为了适应孩子或者学生的认知与知识水平而形成的一种简化语言。这属于一种趋同调节的现象,有助于更好地进行交流,达到更好的交流效果。当然,与趋同调节相对,还存在趋异调节,其主要目的是维持自己文化的鲜明特征与自尊,对自己的言语与非语言行为不做任何的调整,甚至夸大与交际对象的行为,这种现象的产生正是由于语言作为文化独立象征以及个人身份而造成的。或者说,趋异调节的产生可能是因为发话人不喜欢交际对象,或者为了让对方感受未经雕饰或者原汁原味的语言。总之,无论是趋同调节,还是趋异调节,都彰显了发话人希望得到交际对象的认同,通过趋同调节,我们希望更好地接近对方;通过趋异调节,我们希望能够保持一定的距离。因此,理想的做法应该做到二者的结合,不仅要体现出自己向往与对方进行交际的愿望,还要保证一种健康的群体认同感。

需要指出的是,在影响言语调节的多个因素中,民族语言活力有着非常重要的影响作用。所谓民族语言活力,即某一语言的社会经济地位,以及说这种语言的分布情况与人数等。如果一种语言的活力大,那么对社会的影响力也较大,具有较广的普及率,政府与教育机构也会大力支持,人们也会更加青睐。这是因为,人们会将说这种语言的人与语言本身的活力相关联,认为这些人具有较高的声望,所以愿意被这样的群体接受与认同。

在跨文化交际中,言语调节理论证明了跨文化交际与其他交际一样,不仅是为了交流信息与意义,更是一个个人身份协商与社会交往的过程。来自不同文化的交际双方在使用中介语进行交流时,还需要注意彼此的文化身份与语言水平,进行恰当的调节。

(2)交际风格

在言语交际中,交际风格是非常重要的层面。著名学者威廉·古迪孔斯特和斯特拉·廷图米(William Gudykunst & Stella Ting-Toomey)论述了四种不同的交际风格,即直接与间接的交际风格、详尽与简洁的交际风格、以个人为中心与以语境为中心的交际风格、情感型与工具型的交际风格。

第一,在表达意图、意思、欲望等的时候,有人会开门见山,有人却拐弯抹角;有人直截了当,有人却委婉含蓄。美国文化更注重精确,美国英语的运用在很大程度上与这一点相符。从词汇程度上来说,美国人常使用 certainly, absolutely等这样意义明确的词。从语法、句法上来说,英语句子一般要求主谓宾齐全,结构要求完整,并且使用很多现实语法规则与虚拟语法规则。从篇章结构上来说,美国英语往往包含三部分:导言、主体与结论,每一段都具有明确的中心思想,第一句往往是全段的主题句,使用连词进行连接,保证语义的连贯。与之相对的是中国、日本的语言,常用"可能""或许""大概"这些词,篇章结构较为松散,但是汉语中往往形散神不散,给人回味无穷的韵味。

英汉语言的差异,加上受个人主义与集体主义的影响,导致了英美人与中国人交际风格的差异。中国文化强调和谐性与一致性,因此在传达情感与态度以及对他人进行评论与批评时,往往比较委婉,喜欢通过暗示的手法来传达,这样可以避免难堪。如果交际双方都是中国人,双方就会理解,但是如果交际对象为英美人,就会让对方感到误解。因此,从英美人的价值观标准上来说,坦率表达思想是诚实的表现,他们习惯明确地告知对方自己的想法,因此直接与间接的交际风格会出现碰撞。

第二,不同的交际风格有量的区别,即在交流时应该是言简意赅,还是详细具体,或者是介于二者间的交际风格。威廉·古迪孔斯特和斯特拉·廷图米在对其他学者的研究结果进行分析的基础上指出,中东的很多国家都属于详尽的交际风格,北欧和美国基本上属于不多不少的交际风格,中国、日本等亚洲国家属于简洁的交际风格。这是因为,阿拉伯语言本身具有夸张的特点,这使得阿拉伯人在交际中往往使用夸张的语言来表达思想和决心。例如,客人在表达吃饱的时候,往往会多次重复"不能再吃了",并夹杂着"向上帝发誓"的话语,而主人对no的理解也不是停留在表面,而认为是同意。中国、日本作为简洁交际风格的代表,主要体现在对沉默、委婉的理解上。中国人认为"沉默是金",并认为说话的多少同地位有着密切的关系。一般来说,中国的父母、教师属于说教者,子女、学生属于听话者。美国文化中反对交际中的等级制,主张平等,因此子女与父母、学生与教师都享有平等的表达思想的机会。

第三,威廉·古迪孔斯特和斯特拉·廷图米提出了以个人为中心—以环境为中心的交际风格。以个人为中心的交际风格采用一些语言手段,对个体身份加以强化;以环境为中心的交际风格运用语言手段,对角色身份进行强化。这两种交际风格的差别在于,以环境为中心的交际风格运用语言将社会等级顺序进行反映,将这种不对等的角色地位加以彰显;以个人为中心的交际风格运用语言将平等的社会秩序加以反映,对对等的角色关系加以彰显。同样,在日语中,存在着很多的敬语和礼节,针对不同的交际对象、交际场合、角色关系等,会使用不同的词汇、句型,并且人际交往也非常的正式。如果是在一个非正式的场合,日本人往往会觉得不自在,在他们看来,语言运用必然与交际双方的角色有着密切的关系。与中国、日本的文化存在鲜明对照的是英美文化,英美文化推崇直率、平等与非正式,因此他们在使用语言进行交际时往往使用那些非正式的称呼,这种交际风格表达是美国文化对民主自由的推崇。

第四,中西方交际风格的差异还体现在情感型—工具型的区别上。情感型的交际风格是以信息接收者作为导向,要求接收者具备一定的本能,对信息发出者的意图要善于猜测与领会,要能够明白发话人的弦外之音。另外,发话人在信息发送的过程中,要观察交际对方的反应,及时地改变自己的发话方式与内容。因此,这样的言语交际基本上是发话人与听话人之间信息与交际关系的协商过程。相比之下,工具型的交际风格是以信息发出者作为导向,根据明确的言语交际来实现交际的目标,发话人明确地阐释自己的意图,听话人就很容易理解发话人的言外之意,因此与情感型的交际风格相比,听话人的负担要轻很多。可见,工具型的交际风格是一种较为实用的交际风格。

显然,上述几种交际风格是相互关联与渗透的,它们是基于不同的文化价值观建立起来的,其中影响力最大的是集体主义与个人主义的差异,其在社会的各个领域都得以贯穿,并在很大程度上决定中西方文化的不同。

(二)非言语交际

言语交际是通过语言来展开交际的,而非言语交际是通过非言语交际行为展开交际的。非言语交际是言语交际的一种辅助手法,往往是被人们忽视的手法。但是,非言语交际在英汉交际中起着十分重要的作用,甚至有助于实现言语交际无法实现的效果。非言语交际包含多个层面,如体态语、副语言、客体语言等。

对于非言语交际行为,中外学者下了不少的定义。

(1)将非言语交际定义为一种不运用语言展开的交际,这是一种笼统的定义。

(2)将非言语交际定义为不运用言辞来表达,并且被社会群体认可与熟知的一种行为,这是较为具体的定义。

三、跨文化交际的主要理论

理论对实践有着重要的指导作用。跨文化交际的理论有很多,这里主

第一章 绪 论

要对言语代码理论、跨文化调试理论这两大层面展开分析。

(一) 跨文化关系理论

人类不是独居性的生物,当人们想与他人分享喜、怒、哀、乐、爱、恶、欲等七情六欲之时,也正是寻求与他人建立人际关系网的时候。从人们出生的那一刻起,已经开始经由沟通的管道,编织一张社会关系网。人性本就具有爱与被爱的本质,这种本质随着年龄的增长,逐渐地表现出来。换句话说,人类一生都持续着与周遭的人发展(develop)、维系(maintain)以及终止(terminate)相互间的关系。由于交通与传播科技的迅猛发展,人类在全球化社会中的接触更是简便与频繁。不仅是人与人之间,包括团体间、组织间与国家间的关系,也比 20 世纪更加紧密。

1. 跨文化关系的性质与特征

人际关系指人们在日常生活里,如何在陌生(strange)与亲密(intimate)之间的连续线上相互对待的过程。对人际关系内涵的认知,不同文化会有显著的差异。不过,不管文化对人类认知关系的影响如何,人类这种与他人联系的欲望,同是建立在"社会需求"(socialneeds)的基础上。根据 Schutz 的研究,人类的社会需求包含三个要素:归属感(inclusion)、支配力(control)以及情感(affection)。

归属感(inclusion)是人们意欲参加社交、文化、宗教或学术等不同团体的动因。在不同的团体与成员之间建立人际关系,是人们发展自我认同的基本步骤,因为只有在具有归属感的团体内,个人的特质与思想行为才能够受到接受与认同。

支配力(control)代表影响他人思想行为的能力。支配力通常来自一个人的知识、吸引力或权威。人类沟通的过程,其实就是互动者彼此说服对方,也就是经由个人支配力彼此影响对方的过程。显示支配力的行为,可包括如提供他人不知晓的信息、提供新点子、鼓吹行动、替人解决冲突或排解纠纷或同意对方意见等项目。

情感(affection)需求则是人类追求爱人与被爱的欲望。为了维持良好的人际关系,归属感和支配力必须以情感来调和。情感的流露可以培养出亲密的感情和产生海誓山盟的承诺。只有情感有了适度的表达与维护,人类群体才能彼此在生理、心理以及其他方面紧密地连接起来。

总之,人际关系乃是人们在社会需求的领域中,寻求建立连接网络的互动过程。在这个彼此试着满足对方归属感、支配欲与情感需求的过程中,因为双方文化背景、宗教信仰、教育程度与个性等因素的影响,所以会产生正面或负面的结果。

2. 文化对关系发展的影响

从文化的角度而言,它对关系发展的取向具有重大的冲击。例如,文化的差异在两人开始互动时就扮演了一个重要的角色。有些文化对与陌生人的交谈比较开放,有些则相对保守。东亚与北美文化对沟通的看法最主要的差别在于前者以社交关系为重,后者以个人主义为主。东亚文化的这种思想取向,主要是受到儒家对仁、义、礼、智四个概念的重视。这四个概念的信仰,对东亚人的沟通过程形成了与北美不同的重大影响,其中一项就是人际关系运作的形态。

东亚人倾向于建立如下关系:

(1)特殊性的关系。这种关系凸显年龄、性别、角色和地位的差异,并且鼓励彼此间的相互依赖。在特殊性关系的社会里,沟通通常受制于一组清晰的规范(norms)。

(2)长期性的关系。这种起头难但一建立之后就变成长期性关系的取向,衍生了礼尚往来(reciprocity)的习惯与层级性(hierarchical)的关系结构。

(3)明显区分我族(in-group)与他族(out-group)的关系。这种由包括血亲、同乡、同学、同事等关系网所建立起来的我族或内团体的结构,促使东亚人不信任他族或外团体成员。

(4)正式性关系(formal relationships)。较正式性的关系使得东亚人在碰到窘境的时候,倾向于依赖第三者或仲裁人来帮忙解决,以避免当事人面对面的窘状。

(5)重叠的私人/公共关系(personal/public relationships)。东亚人较喜欢私人性或人性化的互动环境,因此私人与公共关系之间的界限常有重叠的时候。

北美文化和东亚文化有很大的差异,在人际关系上,北美人倾向于建立如下关系:

(1)普遍性的关系(universalistic relationships)。这种关系依照一个客观的(objective)法则行事,人际关系以公平(fairness)与平等(equality)为依归。

(2)短期性的关系(short-term relationship)。这种关系相对容易建立,但是彼此之间不具有什么义务,因此没有所谓"礼尚往来"的约束感。

(3)不明显区分我族(in-group)与他族(out-group)的关系。对认识或不认识的人一视同仁,只要觉得搭调,人人可以为友,因此朋友群通常比东亚人广泛。

(4)非正式性关系(informal relationships)。这是属于平行式(horizonal)的沟通与人际关系,从北美人对认不认识或不论年龄大小都喜欢以名(Hrstname)互相称呼对方,可以看出。

(5)公私分明的关系。北美人不习惯把私人与公共关系扯在一起,以防隐私、自主等个人权益受到侵犯。

3. 跨文化关系的特征

除了文化的影响之外,跨文化的关系具有四项明显的特色:高度动态性(dynamic)、容易产生误解(misunderstanding)、焦虑感(anxiety)较高以及潜在利益(potential benefits)。

(1)高度动态性。跨文化关系比单文化的关系建立过程更具动态性。跨文化关系的高度动态性,不仅是因为关系本身是一个互动双方经由沟通来彼此影响的过程,更是沟通形态、价值观念、认知系统、生活饮食习惯等文化的差异所造成的。

(2)容易产生误解。由于文化的期待(expectations)与刻板印象(stereotyping)紧随着跨文化的沟通,因此在跨文化关系建立的过程中扮演着重要的角色。因为每个文化都有不同的期待与刻板印象,在关系建立的过程中,也更容易产生误解。

(3)焦虑感较高。任何关系建立的初期,因情况的模糊性(ambiguity)和对互动对方资讯的缺乏,产生某种程度的焦虑感是不可避免的。这种情况模糊性或不确定性(uncertainty)和资讯缺乏的情况,在跨文化沟通的过程中,因彼此文化的差异更加严重,焦虑感也相对地增高。

(4)潜在利益。跨文化关系的发展过程虽然动态性高,情况不容易掌握,也更容易产生高度的焦虑感和误解,但正是这些因文化差异所形成的潜在困难,给跨文化关系的建立带来了一种独特性的挑战和可能的回报与机会。

4. 跨文化关系研究的理论模式

研究关系建立的理论与模式俯拾可得。例如,较具有代表性的有社会交换理论、社交关系渗入理论、不确定性减除理论、沟通适应理论、Devito的关系五阶模式、Knapp&Vangelisti的关系两段十层模式以及第三文化建立理论。

(1)社会交换理论。社会交换理论以经济学的奖赏(reward)和代价(cost)两个概念为基础,主张人们凡事都会衡量奖赏和代价的差异,并试图争取最大的效益。交易中,如果奖赏大于代价,人们会趋之若鹜;如果代价大过奖赏,人们则按兵不动或避之唯恐不及。

应用到人类关系的发展也是一样,如果交往的过程充满着欢笑、情意、尊重、权力地位等奖赏性的成分,人们通常会继续追求该项关系的进展。如果关系满是仇恨、不快、痛苦、财务损失等负面成分,人们会裹足不前或结束双方的关系。

(2)社交关系渗入理论。社交关系渗入理论认为人们关系的进展建立在自我表露(self-disclosure)的基础上。从表露讯息的深度(depth)和广度(width),可以判断出彼此之间的关系仅是泛泛之交或具有深交,以及关系进展的四个阶段:适应期、探测性的情感交换期、情感交换期以及稳定期。

在适应期的表露,均属于表面性的或刻板印象性的讯息;探测性的情感交换期的讯息,围绕在互动者个性周边的事实;在情感交换期,彼此开始感到自在地表露个人的意见;在稳定期则可以无所不谈,不会有所顾忌。

(3)不确定性减除理论。不确定性减除理论专门用来检视人们在见面初期,彼此如何开始来认识对方的过程。不确定感(uncertainty)指在认知上,因无法在不明情况下适当解释自己或对方的思想行为所引起的焦虑感。这个理论主张,唯有减低这种焦虑感,人们才有办法发展关系。因此,在关系发展的过程里,人们一直是试着经由讯息的交换行为来减低不确定感。通常有三种策略可用来达到减低不确定感的目的:被动、主动和互动策略。

被动策略(passivestrategy)指不直接与对方沟通,但暗中观察对方在不同情况下的行为,收集可资了解对方的资讯。不确定感经由这个间接资料收集的过程得以减轻。

主动策略(activestrategy)也不直接与对方沟通,但积极地从认识对方的人或朋友中,收集有关对方的资料。由于没有与对方直接对话,因此被动与主动两种策略所收集的资讯不见得是正确可信的。

互动策略(interactivestrategy)则使用两种方法。第一是直接询问对方有关他们的资讯,第二是经由自我表露,让对方了解自己。询问对方加上自我表露,通常会使对方觉得有义务提供适当的资讯。互动策略所得的资讯比前两者正确。

不确定性减除理论已广泛地应用在跨文化沟通上。

(4)沟通适应理论。沟通适应理论融合了言语适应理论和民族语言认同理论;探讨在社会与心理情境下,双方沟通进展的情形以及沟通有个人特性之间的关系。沟通适应理论以三个概念为基础:聚合、分歧及维持。聚合指改变自己语言表达的方式来适应互动对方,以显示彼此之间的休戚与共;分歧指刻意强调与互动对方在语言上使用的不同;维持指不顾及互动对方,持续使用自己的语言表达方式。在跨文化沟通的过程中,聚合的使用可以增加吸引力,分歧则相反。维持的使用是少数族裔在发现自我语言的重要性时,通常会采用维持的方式,持续使用自己的语言或表达方式。

(5)Devito 关系五阶模式。Devito 的关系模式着重在关系发展的阶段。人类关系的发展可分为五个阶段:接触期、投入期、亲密期、恶化期以及分手期。每一期的发展都有一个起头与结尾。在结尾的时候,互动者必须决定,关系就停驻在该阶段或继续往另一个阶段推进。

(6)Knapp & Vangelishti 的关系模式。Knapp & Vangelishti 的模式,把人类关系的进展细分为两个阶段,每个阶段又以五个层次来区分关系的分和。两个阶段为聚合(coming together)和分离(coming apart)。

(二)跨文化冲突理论

尽管有些文化重视和谐的价值观,有些文化以对抗作为解决问题的主要方法,在人类关系发展的过程中,冲突是一个必然存在的事实。也就是说,有人类的地方,就有冲突存在。冲突可以说是人生的一个无法避免的事实,是一个具有普世性的现象与概念。

1. 冲突的本质

广义而言,只要两个对象之间的需求无法搭配或相容,人们就可以说,他们处于冲突的情境之中。不管文化差异的大小,冲突是日常生活的一部分。冲突与人生形影不离,有人或许会以为,某些人一定乐于与人发生冲突或是以冲突为乐。其实不然,不管中外,只要是正常人,身处冲突情况时,感觉通常是负面的、不愉快的。

虽然冲突是一个普世性的现象,但是不同文化背景的人对冲突这个概念,在意义的认知上还是有所差别的。例如,"冲突"这个词的英文为 conflict;依定义看,只要彼此需求不相配,就是 conflict。但从中文的角度来看,把 conflict 翻译成"冲突",其实并不是很理想。因为中文"冲突"的意义,比英文的严重得多。中文"冲突"的意义,已接近英文的 clash;意指有暴力性或倾向的 conflict 或对抗,其他接近 conflict 意义的中文,有"分歧""纠纷""问题"和"矛盾"。

大致上"矛盾"和英文 conflict 的意义较为接近。不过,"矛盾"在中国也有不同的用法。从历史的典故而言,矛和盾都是武器,买者自夸其矛无盾不破,又自诩其盾无矛不挡,结果在逻辑上说不通。因此,"矛盾"原意为"互反"(mutually opposed)或"逻辑的不相容"(logically incompatible)。如此和英文的 contradiction 比较相近,而非 conflict。

但是"矛盾"后来演变出了其他的意义。把个人、人际间、团体间、组织间以及阶级间,在价值观、信仰、态度、意见与意识形态上的差异,认为是"矛盾"的内涵。由此可见文化对"冲突"意义之认定的影响。最后,从沟通结构的角度来看,冲突在每一个沟通层次都会发生。依性质而言,冲突有虚实之分。所谓"实冲突",指因争取资源、权力或地位的真实性的对抗。这种冲突产生了"零和"(zero-sum)的情况,也就是说,结果一定有输赢。甲方赢,意味着乙方输,像各种球类竞赛一样,两方对峙,不能同赢或双输。

"虚冲突"又称"诱发性冲突"。原本并无真正的冲突,但是为了特殊的目的,如凝聚团体成员,刻意制造出一个假想的对手。这在政治上也常发生,政客与政客之间,国与国之间,常常会树立一个假想敌或外患来巩固或争取选票,或激发国人的爱国情操。

2. 文化对冲突的影响

文化对冲突的经营与解决的影响可从文化的三个方面说起:文化情境、语言差异以及思想形态。

(1)文化情境。文化价值取向区分为高情境文化和低情境文化,信息、情境和意义三个概念,均衡地与功能性地结合在一起。分享的讯息愈多,情境的程度愈高。因此,文化分布在高情境与低情境的连续线上。

(2)语言差异。语言和文化的紧密关系,简言之,每一种文化都有一组制约其语言结构,包括语形、语音、语句、语意和语用等领域的规则。这些语言本身的结构,是沟通时首先必须碰上的问题。换句话说,不了解一种语言的结构,根本就无从沟通,彼此间的误会与冲突也因此容易产生。

不过,语言结构是属于沟通的显性层次,只要经过学习,通常在一段时间内,就能获得了解与运用的能力。因此,语言的差异对冲突经营或解决的影响,最难以驾驭的部分,乃是语言的表达方式,它代表着沟通的隐性层次,深深受制于文化深层的价值取向。

语言的表达方式,在人类开始学习说话时,即慢慢地跟着发展。由于语言表达的方式反映和具体化人们的文化信仰,在互动时,因表达方式的不同,往往会引起冲突。从文化情境可以得知语言的表达可分为直接与间接两种方式。直接表达的方式特别重视自我表现、口头的流利、雄辩的言说和试图直接说服对方接受其观点的倾向。反之,间接表达方式的特色,在于较常使用模糊性的语言和不直接说"不"或拒绝对方,以确保和谐的互动气氛。

很明显,直接表达语言是低情境文化的特征,间接表达语言的方式则代表了高情境文化的特征。在互动的过程,使用直接表达方式的人比较容易引发冲突,而且在解决冲突时倾向于采取对抗的方法。语言的表达方式在自我表露的过程中可清楚地看出差异。

(3)思想形态。思想形态指文化成员推理的方式或解决问题的步骤。从语言的表达中很容易可以分辨出思想的形态差异。

3. 跨文化冲突解决方法

解决跨文化冲突的方法,大致上可分为以下五种。

(1)文化支配法。这是以自我或自己文化为中心的冲突解决法,也就是"我是他非"的作风。

(2)文化顺应法。与文化支配相反,是"我非他是"的利他做法。如同入乡随俗一样,迁就对方。这种迁就,可能是真的欣赏对方,可能是屈服于对方的势力,也可能是担心互动结果的不理想而产生的。

(3)文化妥协法。此法局部综合了双方的需求,结果是各方都同时赢一些,但也输一些。也就是既没有全赢,也没有全输。在事情不能两全的时候,这倒是一个可取的折中法。

(4)文化逃避法。这是鸵鸟主义法。把头栽入泥沙里,看不见问题,就以为问题不存在了。

(5)文化综合法。同时顾及双方的需要,发展出另一套双方可以同意与互利的方法,以便适当地把问题解决,这是达到双赢结果的保证。

这五个跨文化冲突或问题解决的方法,各有利弊。表面上看来,除了文化综合法之外,其他各法似乎都不可取。其实,在实际运作情况下,并不见得如此。尤其是从策略性的角度,有时候会刻意使用非预期的方法,出奇制胜。不过,整体而言,文化综合法还是解决跨文化冲突最为理想的方法。它不仅解决了问题,而且双方都乐于接受,没有怨恨存在。

文化综合的冲突解决方法,是一种用以经营多元文化之冲击的主要方法之一。它具有四项原则:①文化的异质性,信仰文化多元主义;②文化同异性,相信人们之间相似和相异的特性同时存在;③殊途同归性,不同文化方法对解决相同的问题同时有效;④文化经权性,了解自己的方法只是众多方法中的一种。

(三)跨文化谈判理论

人类沟通关系发展的过程,不可避免地必须面对各种可能的冲突或矛盾。为了解决这些问题,人们随时得经由谈判(negotiation)的过程来说服对方,以做出满意的决策。因此,有关系就有冲突,有冲突就有谈判的存在,可见谈判是人类沟通互动的一个紧要部分。

由于文化的复杂性,在从事跨文化或国际谈判时,应该特别注意四个项目:谈判者及情况、决策的形态、文化噪音以及解说和翻译者。

(1)谈判者及情况。谈判者的选择标准与有利于我方的谈判的情况是两个谈判的基本问题。首先是谈判代表人选择的问题。美国和巴西,日本和中国台湾之间,对适当谈判人选的条件较为接近。日本虽然和美国与巴西一样重视口头表达能力,但是也注重聆听的能力。中国台湾重视谈判者必须有趣以及毅力与果断,其他国家和地区不具备这些。谈判的情况包括地点、场所摆设、谈判时间、地位等要素。地点方面,应该在我方的办公室、对方的办公室或是第三个中立的地点,这些都是安排谈判的过程,根据谈判的性质必须考虑到的地点问题。大部分人似乎喜欢选择较中立的地点从事谈判。谈判时间的运用,因文化对时间概念的认知不同,对跨文化谈判具有很大的影响。在跨文化谈判时,时间的运用常常成为一个说服对方的武器。最后是谈判者地位的决定。美国人较喜欢不正式的行事作风,也较重视人人平等的观念,因此重视谈判者的专业知识,而非社会地位。东方人则重视层级关系,对谈判资格的选择,往往是以个人的社会地位或尊卑长幼来决定的。这种差异,常常给跨文化谈判带来诸多的困扰。

(2)决策的形态。从文化情境的角度,人们已经了解高情境和低情境文化有着不同的问题或冲突解决方法。决策既然是问题解决过程的一环,文化必然也赋予它的成员一套决策的形态。

(3)文化噪音。文化噪音专指沟通过程,阻止或扭曲信息流动的各种障碍。这种障碍在跨文化谈判中主要存在于讯息本身和输送的过程,也就是语言与非语言的表达行为。口语谈判的策略包括13种:承诺、恐吓、劝告、警告、奖赏、惩罚、规范性诉求、诺言、自我表露、质问、命令;非口语的谈判策略,则有沉默、交谈重叠、脸部直视以及触摸。

(4)解说和翻译者。在跨文化谈判的过程中,常常需要依赖解说或翻译来协助双方彼此了解讨论的内容与文件用语的正确性。在跨文化沟通的过程中,翻译可能造成三项困扰。

①不同语系之间,常常很难找到对等的词语来翻译。

②错误的翻译,可能酿成巨大的悲剧。

③正确可靠的翻译不容易,因此常常需要仰赖专业人才。

在跨文化谈判里,有关翻译必须注意的事项有三个。

第一,翻译过的词语,在双方的主观意义上十分重要。

第二,一方语言的概念,若不存在于对方的语系,该如何处理。

第三,双方的语言是否具有难以翻译的内在推理或思考形态。

第二章　商务英语翻译概述

随着经济的不断发展,不同国家之间的交流更加频繁,因此国与国之间的商务往来也在不断扩大。由此,商务英语翻译受到了人们的密切关注。为了更好地搞好商务英语翻译,提升翻译的质量与效率,促进彼此之间的商贸往来顺利开展,就需要对商务英语翻译的基础知识有清楚的了解。本章首先分析翻译的基本知识,在此基础上探讨商务英语的内涵与学科属性,最后论述商务英语翻译的意义与准则,从而为后面章节内容的展开做铺垫。

第一节　翻译基本知识介绍

一提到翻译,很多人认为翻译仅仅是两种语言之间进行的转换。实际上,翻译的覆盖面是非常广泛的,是一门极为复杂的学科,而且翻译与其他学科有着紧密的关系。本节就对翻译的基本知识进行介绍。

一、翻译的内涵

(一)翻译认识层面:感悟式到通论式

对翻译的认识过程,经历了感悟式、语文学式、文艺式以及通论式这样一个过程。

人们对翻译最初的认识是感悟式的,主要是通过隐喻或者比喻的方式来进行表达。著名学者谭载喜(2006)通过对大量关于翻译的比喻说法进行总结,认为翻译主要是由作为行为或过程的翻译本身、作为结果的译文、作为主体的译者构成。从作为行为与过程的翻译本身来说,很多形象说法都对翻译的特点、性质等进行论述。

语文学式是对翻译的进一步认识,在这一层面上,人们往往通过一些简单的话语表达对翻译的看法,这些看法虽然构不成系统,但是也存在着一些真理,甚至有些对后世的翻译研究有着深远影响,如严复的"信达雅",至今仍被视为翻译工作的一大重要标准。

翻译可以被视作一种对问题进行解决的活动,因为源语中的某一元素可以采用目的语中的某个元素或者某几个元素来处理。之后,由于翻译活动多为文学作品的翻译,因此对于翻译概念的探究主要是从文学层面展开的,是文艺式的研究。这类研究强调文学作品的审美特征,并将文学翻译的本质特征揭示出来。文艺式的翻译主要是针对文学这一语体来说的,将那些非文学翻译活动排除在外,所以缺乏概括力。

20世纪中期,人们认识到无论是文学翻译还是非文学翻译,语言的转换是必需的,因此就语言学角度对翻译进行界定是最具有概括力的,能够将不同的翻译类型揭示出来,也开启了现代意义上的翻译研究,将传统对翻译的界定转向翻译的通论研究,将传统对文学翻译的研究转入翻译专论研究,这就是通论式阶段。从整体上说,通论式翻译研究对于翻译的普适性是非常注重的,因此其概念也更为大众化。

(二)翻译任务层面:源语文本的再现

在翻译的定义中经常会出现"意义"一词,其主要包含翻译的客体,即"翻译是什么?"应该说,"意义"相比费奥多罗夫的"所表达出的东西"更具有术语性,用其解答什么是翻译的问题是翻译学界的一大进步。但是也不得不说,有时候运用"意义"对翻译进行界定会引起某些偏差,因为很多人在理解意义时往往会受到结构主义语言学的影响,认为语言是有着固定的、明确的意义。就实际程度来说,语言的意义非常复杂。

著名语言学家利奇(L. N. Leech,1987)指出意义具有七大类型,同时指出"我不希望给人留下这样的印象,即这些就是所有意义的类型,能够将所传递的一切意义都表达出来"。利奇还使用 sense 来表达狭义层面的意义,而对于包含七大意义在内的广义层面的意义,利奇将这些意义称为"交际价值",其对于人们认知翻译十分重要。换句话说,源语文本中的这种广义层面的意义实际上指代的都是不同的价值,将这些价值结合起来就是所谓的总体价值。

很多学者指出,如果不将原作的细节考虑进去,就无法来谈论原作的整体层面。但需要指出的是,原作的整体不是细节的简单叠加,因此从整体上对原作进行考量并分析翻译的概念是十分必要的。

王宏印(2002)在对翻译进行界定时指出:"翻译的客体是文本,并指出文本是语言活动的完整作品,其是稳定、独立的客观实体。"但是,原作文本作为一个整体如何成为译本呢?作者认为,美学中的"再现"恰好能解释这一过程。

在美学中,再现是对模仿的一种超越。在模仿说中,艺术家的地位是不值得被提出来的,他们的角色如镜子一样,仅仅是对现实的一种被动记录,自己却没有得到任何东西。换句话说,在模仿说中,艺术品、艺术表现力是不值得被提出来的,因为最终要对艺术品进行评论,都是看其与真实物是否相像。实际上,模仿说并未真实地反映出艺术创作的情况,很多人认为模仿的过程是被动的,但是在这种看似被动的情况下,也包含了很多表现行为与艺术创造力,其中就包括艺术家的个人体验与个人风格。同样,即便是那些不涉及艺术性的信息类文本,其翻译活动也不是模仿,而是译者进行的创造过程;对于那些富含艺术性的文本,模仿说更是无稽之谈了。最终,模仿必然会被再现替代。

用"再现"这一术语对翻译概念进行说明,可以明确地展现翻译的创造性,可以将译作的非依附性清楚地表现出来。因为再现与被再现事物本身并不等同,而是一个创造性的艺术表现形式,同时再现可以实现译作替代原作的功能。

(三)翻译传播层面:单向跨文化传播

在翻译的定义中将翻译的文化性体现出来,可谓是一个很大的进步。但是,在将文化性体现出来的同时,很多学者习惯运用"跨文化交流"或"跨文化交际"这样的说法。

翻译属于跨文化交际活动,但这大多是从历史角度对不同民族间的翻译活动历史成效进行的定性表述。

普罗瑟(2013)认为,跨文化交流活动需要的是双向互动,但是跨文化传播需要的则是单向互动。由于具体的翻译活动往往呈现的是单向过程,因此决定了翻译活动应该是一种传播活动。所以,如果确切地对翻译进行界定的话,可以将翻译定义为"一种跨文化传播活动"。

如果翻译的语言特征体现为不同语言之间的转换,那么翻译的文化特征体现的则是文化移植。当然,这种移植可以是引入,也可以是移出,由于源语文化与译语文化并不是对称的,同一种文化因素在引入与移出的过程中不可避免地会遇到不同的翻译策略。这样可以说明,无论是从语言转换的角度还是从文化移植的角度来看,翻译都是单向性的。

二、翻译的特点

(一)社会性

翻译活动具有社会性,这主要是因为翻译活动对国与国之间的交流起着巨大的作用。具体来说,表现为如下三点。

首先,翻译的社会性体现在交际性上。翻译能够打开人们的思想和心灵,而交流是人们能够彼此理解的前提与基础,理解则是人们从窄到宽的动力。学者邹振环指出,中国古代的翻译工作虽然不能说是尽善尽美的,但是确实对当时的社会交往起着非常重要的作用,有助于推进社会文化的进步与发展。当然,这种影响分为积极的影响和消极的影响,也有正面的影响和负面的影响。

其次,翻译的社会性体现在民族精神与国人思维上。对于这一点,可以从鲁迅的翻译经历体现出来。鲁迅的翻译经历了三个重要时期。第一个时期是鲁迅在日本留学的时期,他翻译了法国作家凡尔纳的科幻小说《月界旅行》以及雨果的《随见录》,并且还编译了两本小说。在这一时期,鲁迅的思想是偏向于弱者的。第二个时期是鲁迅思想的转变时期,从民主主义思想转向共产主义思想。受当时形势的影响,鲁迅翻译一些《文学与革命》等类似的文章。第三个时期是鲁迅最辉煌的时期,这一时期鲁迅彻底地转变成一名共产主义者,因此为了革命的需要,鲁迅翻译了一些战争作品。从鲁迅的三个时期可以看出,翻译有助于塑造国人的精神与思维,使他们奔向革命浪潮之中。

最后,翻译的社会性体现在对社会重大政治活动的影响上。例如,对易卜生的《玩偶之家》的翻译,让国人体会到中国妇女应该解放出来,也使得中国社会发生了巨大变化。

(二)文化性

翻译对世界文明的进步与发展作用巨大,而社会的发展与文化有着紧密的关系,因此翻译的社会性中其实也渗透了翻译的文化性。

著名学者季羡林这样说道:只要交谈双方具有不同的语言文字,不管是在一个国家,还是在一个民族,都需要翻译的参与,否则彼此就很难进行沟通,文化也很难进行交流,人类社会也无法向前迈进。

从季羡林的观点中可以看出,翻译需要民族之间的交往,而在交往中必然会涉及文化内容与信息。

(三)创造性

翻译具有创造性。传统的翻译理论认为翻译仅仅是两种语言之间的转换,其实不然,因为从翻译的社会性与文化性中可以明显看出翻译的创造性。

首先,从社会角度来说,翻译是为了语言之间的交流,是为了传达思想,而思想是开放的,是翻译创造性的前提和基础。

其次,从文化角度来说,翻译中将文化因素导入,是为了激活翻译中的目的语文化,这实际也是在创造。

最后,从语言角度来说,为了能够传达新事物、新观念,创造是必需的,当然翻译也不例外。

在郭沫若看来,好的翻译就等同于创作,甚至可以超过创作。翻译工作是非常艰苦的工作。在创作过程中,译者需要具备足够的经验,除了要熟悉本国语言,还需要熟悉他国语言,这一难度甚至可以超过创作。因此,翻译是一种艺术,是一种创造性艺术。

茅盾也指出,文学翻译与文学创作有着同等重要的地位。中国近现代社会实际上是一个充满矛盾的社会,很多人认为翻译等同于临摹,认为译者与创作者是无法比拟的。针对这一问题,茅盾多次进行了批评。在茅盾看来,翻译的困难与创作是一样的,甚至比创作更难。因为要想翻译一部好的作品,首先就需要把握作者的思想,进而找寻作者写作的美妙之处,从而将自己带入到作者的作品中,感受作者笔下的妙处。

(四)符号转换性

如前所述,翻译是一种不同语言之间的转换。但是,这里所说的语言不是从狭义层面来说的,其还涉及雅各布逊的符号翻译。在雅各布逊看来,翻译是一种符号之间的转换活动。受索绪尔的影响,雅各布逊认为语言符号是任意的,因此应该从语言符号的角度对翻译进行研究。他对罗素的语言观点提出了质疑。罗素认为,人们的认知经验是对词义进行理解的根本原因。但是,雅各布逊不这么认为,在雅各布逊看来,人们理解词义的根本就是对词汇意义的理解,而不是人的经验。例如,人们要想知道 cheese 的含义,只需要了解这个词赋予的意义即可,而不必非得去吃。另外,雅各布逊也赞同索绪尔的能指与所指关系,在他看来,意义与所指的事物之间关系不大,但是与符号有着密切的关系,如果没有符号,那么意义也就不存在了。

在雅各布逊看来,寻求不同语言之间的对等不仅是对语言问题的研究,还是对语言学问题的研究。要想实现准确的翻译,实现信息的对等是必需的,而翻译中包含的对等是不同语符之间的对等。在语内翻译中,翻译是使用一种语符单位对另外一种语符单位进行代替。因此,对于翻译某个词,人们往往会采用同义词翻译法展开翻译。需要指出的是,同义词并不是完全对等。在语际翻译中,符号与符号本身并不存在完全对等的关系,但是人们可以使用一种语言的语符代替更大一级的信息,而不是去对某一个单个符号进行代替。换句话说,翻译关注的不仅是符号与符号之间,还是符号与符号组合之间,这样的对等才能让对方理解整个意义。

三、翻译的分类

(一)根据翻译原作种类划分

根据翻译原作种类,可以将翻译划分为如下三种。

(1)一般语言材料翻译,即日常使用的语言,其包含一般报刊翻译与各类应用文翻译,这类翻译往往包含以下四个特点。

其一,杂,即内容上包罗万象,不仅有趣味的新闻,还有科普类文章,更有生活常识类文章等。

其二,浅,即语言上比较容易理解,不像文学作品那么深奥,也不像专业翻译那么专业化。

其三,活,即与一般科技类文章相比,行文上比较活泼。

其四,新,即语言上比较现代化,添加了很多新词、新语。

在翻译此类文本时,译者需要对"忠顺"的矛盾加以灵活处理,采用一切方法对译文进行加工与修饰,追求行文的传神与活泼。

(2)文学翻译,其要比一般语言材料的翻译较为困难,这是因为其具有如下几个特点。

其一,长,即跨度时间都比较长,因此要求译者具备扎实的基本功。

其二,突,即翻译时要凸显"忠顺"。

其三,高,即要求译者具有较高的译语基本功,尤其是对世界名著展开翻译时,要求的译语基本功更高。

其四,雅,即要求翻译时要雅,具有文学味道与作品气质。

其五,创,即要求翻译时译者要发挥自身的创造性,这一点要比其他两种翻译要求更多,因为文学翻译对传神达意的要求更高。

在进行文学翻译时,译者需要对"忠顺"的矛盾进行灵活把握,解决二者的矛盾时需要考虑原作的特色、译作的目的以及译作的环境。

(3)专业翻译,即包含科技资料、商务信函、军事著作等在内的各种文本的翻译,这里仅就科技翻译来说明其特点。

其一,专业,即涉及大量的专业词汇与表达。

其二,重大,即具有重大的责任,因为如果误译的话,可能会造成严重的后果。

其三,枯燥,这是其特殊性,因为其涉及的词汇、表达等有时非常的枯燥无味、晦涩难懂。

(二)根据翻译作品种类划分

根据翻译作品的种类,翻译可以划分为五大类。

(1)全译,即逐词逐句对原作进行翻译,是最常见的翻译种类。

(2)摘译,即从出版部分、编辑人员、读者的要求出发,对原作的一部分进行翻译,往往在一些报纸杂志中比较适用。

(3)参译,即参考翻译,是一种自由的、特殊的翻译品种,可以是全译,也可以是摘译或者编译。

(4)编译,即对一篇原文或者几篇原文的内容进行串联的翻译,是一种特殊的翻译形式,其可以将原作松散的内容进行整合,还可以将多篇原作内容进行串联,对译文进行丰富。

(5)写译,即译者将翻译作为主体的写作,是比编译更为宽松、自由的翻译形式。

(三)根据翻译工作主体划分

根据翻译工作的主体,可以将翻译划分为如下两类。

(1)人工翻译,即传统的以译者作为主体的翻译形式,往往从多人到一人。

(2)机器翻译,即20世纪70年代后出现的将翻译机器作为主体的翻译形式,往往从简单到智能。

需要指出的是,机器翻译比较快,不怕重复,也不需要休息,但是它也存在着不足之处,即往往比较机械,离不开人,还需要译者进行核对、润色与定稿。因此,要想翻译准确,机器翻译也需要人工翻译的配合。

(四)根据翻译等值程度划分

根据等值程度,可以将翻译划分为如下四种。

(1)完全等值,即1∶1的等值,是对于一种原文,虽然译法有一种或者几种,但是效果需要与原作保持基本一致。

(2)部分等值,即1∶几或者几∶1的等值,其源自两种:一种是对某一原作,有几种译文;二是对于多种原作,仅有一种译文。无论是哪种,其都未达到完全等值,仅仅是部分等值。

(3)假性不等值,即前面的完全等值或者部分等值。这种现象也非常常见,原作中的某个词、句子等,有时候译文初看与原作不等值,但是译语明明有完全等值的表达,译者就是不采用。这是为什么呢?因为译者如果采用了完全等值的表达,其在实际中的效果就不能实现等值,虽然他们在措辞上似乎是不等值的,但是在实际效果上是等值的。

(4)不等值,即 1∶0 或者 0∶1 的等值。

四、翻译的过程

(一)准备阶段

由于翻译是一项十分复杂的工作,因此进行适当的准备是非常重要的。在翻译之前,译者通过准备,可以保证自身的翻译工作顺利进行。当然,准备工作也包含很多,尤其要查询与之相关的资料,这样便于译者对原作有基础的了解。当然,译者还需要借助相关的工具书或辞典。具体来说,主要包含如下几个层面。

1. 了解作者的基本情况

在翻译之前,译者需要对原作作者的生平、时代、社会背景、写作风格等有基本的把握。对于这些信息,译者可以从多个途径获得,如百科全书、网络、自传等。

2. 分析作者的创作手法

在翻译之前,译者至少要阅读作者的两部著作,从中了解作者的写作风格、创作手法以及基本的思想取向等,尤其是作者的经典代表作,这样可以从中找到与所要翻译作品的某些相似之处,也可以使他们更深刻地理解所翻译的作品。

3. 清楚作者的语言风格

对作者语言风格的再现是翻译的重要内容,所以译者在翻译过程中要充分了解作者的语言风格。译者可以对某些段落进行解读,分析其中的行文与修辞特点,对作者的写作特殊之处有初步的接触,从而为之后的深刻剖析奠定基础。

4. 准备工具书等材料

译者在进行翻译时需要借助工具书,常见的工具书有百科全书、双语词典等。

（二）理解阶段

所谓理解，即通过将事物间的联系进行揭露，并对新事物进行认知的过程。从翻译的角度来说，理解就是译者在对原作进行了解的基础上，运用英汉两种语言的词汇、语法、修辞等知识，对原作的内容与风格进行明确的传达。

（三）表达阶段

表达是翻译过程中十分重要的一个环节，它是理解的生化和体现，是理解的目的和结果。表达是综合因素与艺术因素二者的结合，因此表达具有较高的创造性，译者在进行翻译实践时，一定要从原作中跳出，摆脱原作的形式束缚，要发挥出译语的长处，将对原作的表层与深层意义的理解确切地表达出来，将原作化成一个整体来再现。

（四）修改与审校阶段

所谓修改，是指对译作进行加工润色与修正，其包含两个层面：一是对译文进行全面的修正；二是对译文词句进行修正，可以划分为如下两步。

(1)与原作对照，逐句逐段修改，具体展开如下。

其一，确定原作思想、内容是否准确传达。

其二，确定有无错译、漏译等情况。

其三，确定译文是否通顺。

其四，确定译文的风格色彩是否与原作相符。

(2)脱离原作之后，对译文进行反复的阅读，如有错误，进行修改，具体展开如下。

其一，译文用词是否规范、恰当。

其二，上下文是否衔接恰当。

其三，译文前后是否矛盾与重复。

其四，译文是否存在逻辑不通的情况。

所谓审校，是最后一个步骤，是对译文做最后查验，具体展开如下。

(1)审校译文的词汇、句子、段落是否存在错漏的地方。

(2)审校译文中的方位、人名、地名、数字等情况是否存在错漏的地方。

(3)审校译文中的术语是否存在不一致的地方。

(4)审校译文中的标点是否有错误的地方。

(5)审校译文中注释是否有不妥当的地方。

五、中西翻译理论研究

(一) 中国的翻译理论

国内从20世纪下半叶开始引进西方翻译理论,其接受和消化西方翻译理论的过程值得反思。西方翻译理论大大开阔了国内翻译研究者的视野,为国内的翻译理论研究奠定了扎实的基础。

1. 古代翻译理论

中国的翻译活动起源于春秋战国时代,而真正的语际翻译活动是佛经翻译。佛经翻译也是翻译活动的第一个高潮。随着众多经书的译出,许多翻译理论和方法随之出现,因此佛经翻译时期是中国翻译理论形成的开端。

支谦作为佛经汉译的开创者,翻译著作丰富,重译了《道行》及《首楞严》。他十分注重翻译技巧的运用,在《法句经序》一书中,首先指出了翻译的不易,接着对当时"文"与"质"的翻译观点进行了分析,启发了严复对"信、达、雅"的思考。

对于翻译方法,释道安也提出了自己的见解。他认为,在翻译经文时,大乘经翻译应以"文"为主,戒律翻译应以"质"为主。他还提出了"五失本、三不易"理论,即五种情况易使译文丧失原意,三种情况不易处理。

在翻译方法上,玄奘主张将直译与意译结合起来,提出了著名的"五不翻"思想,即"秘密故、含多义故、此无故、顺古故、生善故"。玄奘还提出了六种翻译技巧,分别是补充法、省略法、变位法、分合法、译名假借法、代词还原法。

明朝初年,人们对自然科学存有一定程度的蔑视。徐光启(1562—1633年)主动介绍西洋自然科学,勤奋著述,译有《几何原本》《泰西水法》《农政全书》等书,为17世纪中西文化交流做出了重要贡献。与徐光启齐名的李之藻(1565—1630年)精于天文历算、数学,在几何方面的译作质量非常高。他与利玛窦合编了《同文指算》一书,至1613年译成,将西洋笔算传入我国,《同文指算》是中国编译西方数学的最早著作。

2. 近代翻译理论

鸦片战争至甲午战争前,被誉为"组织翻译活动先驱"的林则徐一心致力于翻译西方书籍。林则徐虽然没有提出翻译理论,但是对中国的翻译事业做出了巨大的贡献。

第二章　商务英语翻译概述

第二次鸦片战争后,马建忠开始研习西学。他在《拟设翻译书院议》指出了急需翻译的三类书籍,强调要挑选优秀著作来翻译,并提出翻译的标准在于译文与原文的一致。马建忠进一步指出,要实现译文与原文的一致,译者必须精通译语和源语。他的这一理论构建了中国近代重要译学理论的发展基础。

被称为"维新志士"的梁启超,在翻译西学方面也表现得非常活跃,他提出了翻译强国的观点,并创造了翻译文学理论,其思想对当今的翻译实践仍具有借鉴意义。

中国近代启蒙思想家、翻译家严复,翻译了《天演论》《原富》《群学肄言》《群己权界论》等著作,将西方的社会学、政治经济学、哲学和自然科学引入中国。他提出了"信、达、雅"三条翻译标准,对后世的翻译实践具有重要的指导作用。

严复的"信、达、雅"理论在翻译界非常著名,并有着深远的影响。虽然其理论独占鳌头,但是人们对其理论也争论不休。这是因为信、达、雅三个字非常简约,也并没有给予严格的界定与论证,因此给人们留下了广阔的阐释空间。

赞成者认为,"信、达、雅"理论可以对翻译实践起着很好的指导意义;其中一部分赞成者认为"信"或者"信、达"可以作为翻译标准,但是"雅"不能作为翻译标准;不赞成者认为,"信、达、雅"非常空洞,对翻译实践起不到指导性作用。当然,如果将严复的"信、达、雅"视作一个抽象的逻辑命题,从脱离时空的角度对其进行评论,那么得出的结论必然是偏颇的。在本书中,笔者将"信、达、雅"回归历史本位,从语言文化环境出发,对其进行考察,或许就会发现不一样的天地,也就是说这里主要从文化翻译的角度对"信、达、雅"理论进行阐释。

要想弄清其文化含义,需要分析"信、达、雅"的本质含义。对于这一理论,严复非常明确地给予三者的关系,即"信"位于首位,认为翻译首先应该做到"信",即对原作的思想内容进行忠实的传达。其次是"达",即如果不"达",那么就不能谈及翻译了。最后是"雅",对于这一个字,评论非常多。

有人认为严复的"雅"指的是汉朝之前的字法、句法,因此是过时的,不能用于现代的翻译标准。笔者认为,这样理解有失公允,并没有从历史的角度对严复的"雅"进行准确把握。学者陈福康认为,严复的"雅"从上下文来说,显然指的是译作要注意修辞,要有文采,这样才能流传。这样对严复"雅"的理解是全面的、准确的,与严复的本义是相契合的。

在严复当时的语言文化环境中,汉朝之前的字法、句法被认为是"雅洁"文字,而要想将外国思想著作的精妙表达出来,就必须用到"雅洁"文字,这样才会显得非常高雅、严肃,才能被读者看重。如果采用的是"利俗"的文字,那么会被读者鄙视。严复的这一"雅洁"的表达方式是经过深入考察而做出的翻译抉择,他的翻译目的是引介西方思想,吸引当时士大夫的注意,从而实现改革。

严复的"信、达、雅"中涉及了丰富的文化翻译思想,对于翻译实践意义巨大。严复的文化翻译思想概括起来可以总结为如下几个层面。

"信"是对原作思想内容的忠实,这是本义,"达、雅"是严复考虑英汉语言文化的特点与社会语境而提出的,是具体的翻译策略。换句话说,"达、雅"是严复为了实现翻译目的对译作展开的语言文化调节。

3. 现代翻译理论

19世纪末20世纪初,西方资本主义文化思想包括两大派别:一是发达资本主义国家的个性主义和自由主义,二是被压迫民族的人道主义和民主主义。在这种时代背景下,鲁迅将目光转向后者,试图通过翻译这些被压迫民族的作品来唤醒沉睡的中国人。当时的翻译比较混乱,鲁迅始终将"忠实"作为翻译的首要原则,并大力提倡忠实于原著的白话文直译法,使西方近代资本主义思想进入中国。他还对翻译理论、翻译原则做出了诸多研究和论述,他创立了以"易解、风姿"和"移情、益智"为核心的翻译理论,以及"以直译为主,以意译为辅"与"以信为主,以顺为辅"的翻译原则,并提出"翻译应与创作并重"的思想。他的"重译"与"复译"观点及时纠正了当时的不良译风。

鲁迅的翻译理论是基于对历代佛经翻译的批判继承与发展的基础上,并结合清朝末期社会科学与文学翻译理论的发展而逐渐形成的。作为一名翻译理论家,鲁迅发表了很多翻译理论著作与文章。直到今天,鲁迅的翻译思想仍旧是译学发展的一个重要组成部分。鲁迅的主要贡献总结如下。

(1)以"直译为主、意译为辅"与以"信为主,顺为辅"思想。鲁迅主张,翻译应该"以信为主,以顺为辅",反对只顺不信,也就是鲁迅所谓的"宁信而不顺"。鲁迅认为,在翻译时译者不仅将新的内容输入进去,还将新的表现手法输入进去,而其中的一部分会从不顺转成顺,那些彻底不顺的部分会逐渐被淘汰,这就涉及批判的内容。对于硬译与死译的看法,鲁迅认为翻译应该综合中国翻译历史的经验,要取之精华、去之糟粕,即不仅要尽量输入,同时要尽量予以消化,将那些可以运用的进行传承,将那些不可以运用的排除掉。对于"硬译",鲁迅认为可以输入那些新造的句法,一时间可能让人感到异样,但是后来逐渐被据为己有,这就是所谓的取之精华,但同时那些确实可以舍弃的生硬句法就应该被舍弃,这是所谓的去其糟粕,这是翻译的辩证法。鲁迅既主张"信、顺",又主张将新的表现法进行输入,这就体现了他的"直译"思想。但是,他也并不排斥意译,只不过是存在宾主之分而已,并不是敌我的意思。

(2)"易解、风姿"双标准论与"移情、益智"双功能说。鲁迅提出的"易解、风姿"是翻译的标准,而"移情、益智"是翻译的功能,他们是鲁迅翻译理论的核心内容。鲁迅曾经这样说:"在动笔之前,要先解决一个问题,是要归化翻译,还是尽量保留洋气。日本译者上田进君主张采用归化翻译,他认为讽刺作品的翻译应该首先保证易懂。我认为应该是两样都需要的,如果要求的易懂,还不如创作或者改作,将事情化为中国的事情,将人物化为中国人。如果是翻译,首要的目的是应该对外国的作品进行博览,不仅仅要移情,还要益智,至少要知道什么时候发生了这件事,这就是所谓的洋气。"实际上,世界上并不存在完全归化的译文,如果有,从严格意义上说不算是翻译。只要是翻译,就需要兼顾两个层面:一是易解,二是保留原作风姿,但是二者往往是矛盾的。从长期的翻译实践中,鲁迅创立了自己的理论,这两种翻译思想的理论价值在于,"易解、风姿"要比严复的"信、达、雅"具有更强大的涵盖力,使得"信、达、雅"得到进一步的丰富与深化。一般说,"信、达、雅"是对内容、语言、风格的描述,这三个层面是不能分割的,但是可以分开进行讲解。鲁迅的两面论不仅要求通顺,还要求忠实。但是,这个忠实与"信"并不完全等同,从本质上说是广义层面的"信",即从内容到形式都是忠实的,是对原作的内容与形式这一不可分割的整体的忠实,是一种全面的忠实。

(3)关于"重译"和"复译"的思想。"重译"与"复译"是鲁迅的两个重要翻译思想,这一思想击退了当时的乱译风,促进了我国翻译事业的健康发展。鲁迅所说的"重译"就是转译,任何的转译,无论是对英文、日文、德文还是法文等而言,都有一个先天的弱点,即翻译本身不可避免地使原作与译作间间隔了一层,而从其他文字译文进行转译,也无形中增加了一层,这就给译者设置了双重壁障。鲁迅提倡从原文直接进行翻译,这样是对作者的尊重,也是对读者的爱护。翻译界的后人正是基于鲁迅的这一思想,才让他们取得一次次成功,翻译出更优秀的作品,为我国的文学翻译事业做出贡献,这是翻译历史发展的必然趋势。对于复译,鲁迅认为即便已经存在好的译本,进行复译也是非常必要的,译者可以取旧译本的长处,加上自己新的体会,译出一种近乎完美的定本。当然,随着时代的变迁,以后也会不断涌现新的译本。翻译有没有"一劳永逸"的译本,对于这一问题不得不说是极少的。就文字来说,中国现在是不存在"一劳永逸"这一符号的,这就是说"一劳永逸"的译本是不存在的,只能说存在更接近的定本。鲁迅对待复译很宽容,认为可以选取旧有的已经存在的译本的长处,并加以借鉴,然后加上自己的心得,进行再创造。重点在于,译者要敢于超越。这也说明了一个道理:人类的文化总是基于原有文化进行逐渐积累的。

胡适也是中国白话新诗翻译的领军人物。他认为,用文言文字译诗,只能供少数人欣赏,不能普及。诗歌必须为平民大众所理解,因此翻译应该做到明白流畅。对于翻译,胡适提出了"三负责"之说:一是要对原作者负责任;二是要对读者负责任;三是要对自己负责任。

4. 当代翻译理论

刘重德先生在其著作《文学翻译十讲》中提出了信、达、切的"三位一体"翻译标准。

(1)信:信于内容,即内容的忠实性。
(2)达:达如其意,即句子的表达性。
(3)切:切合风格,即风格的贴切性。

刘重德教授用"切"替代了严复的"雅"字,他认为"雅"即所谓的"尔雅"或"文雅",其实是很多风格中的一种,具体翻译时,不可一味地追求"雅",而应实事求是,恰如其分,切合原文风格。"切"是中性词,对于各种不同的风格均适用。

林语堂对翻译的独到认识是对中国传统翻译思想的丰富和发展。林语堂在长篇论文《论翻译》中较为系统地论述了自己的翻译理论。他的翻译理论可以概括为以下几点。第一,翻译是一种艺术,翻译艺术应该遵循以下原则:译者对原文的全面了解;译者的译语表达能力突出;译者对翻译标准有正确的认识。第二,翻译有三条标准,即忠实标准、通顺标准和美的标准。其中,忠实标准分"直译""死译""意译"和"胡译"四个等级。第三,翻译应该是"句译"而不是"字译",因为字义会随上下文的变化而变化,这是我国较早明确提出的"上下文"翻译思想。林语堂在《论翻译》中提出了"忠实、通顺、美"的翻译原则。

实际上,这一提法继承并拓展了严复的标准,用"美的标准"代替了严复"雅"的标准。林语堂认为译文既要求达义,还要忠实于原文之字神句气与言外之意,做到传神。

焦菊隐是我国著名的戏剧家、翻译家。他发表了著名论文《论直译》,提出了"整体论"的翻译思想,丰富了篇章翻译理论。"整体论"是指译者要具有整体视野,首先实现整体的意义对应,然后再从上到下、由大到小考察每个部分的意义,逐步完成各个部分的对应。他认为,翻译是"二度"创造的艺术。译者只有认识到了这一点,才能不断提升自身的翻译水平。

傅雷是我国著名的文学翻译家、文艺评论家,他积极地把自己的翻译与国家命运联系起来,试图通过自己的译作鼓舞人们为民族振兴而奋斗。傅雷最具代表性的翻译思想是"传神说",即"重神似不重形似;译文必须为纯粹之中文"。译者要使译文达到传神的标准,需要满足三个条件。第一,吃透原作的外在形式和内在精神。第二,将自己的理解忠实而生动地表达出来。第三,气息、文脉要流畅、贯通。"传神说"正视了文化差异的客观存在,强调译者要从本质的层面去传递原文的风格、意境、神韵等。

谈起当代翻译理论,不得不提的一个人就是钱钟书。钱钟书在《林纾的翻译》一文中提出了"化境说"。"化"是文学翻译的最高理想,即将作品从一种文字转换成另一种文字而不表现出生硬牵强的痕迹。

著名翻译家叶君健精通多种语言,一生翻译了大量外国文学著作,尤以翻译安徒生的童话而闻名于世。叶君健反对传统翻译观将译者视为"隐形人"的观点,比较注重译者在翻译中的主体性和创造性。叶君健认为,文学翻译不是简单的符码转化,翻译有再创造的一面。他在《翻译也要出"精品"》一文中,系统地论述了"精品"理论,即翻译可以使一部外国作品转化为本国作品,并强调了"译者的个性"和"个性的译作"。

最后要提的这位是译作等身的著名翻译家许渊冲,他是20世纪将中国诗词译为英语和法语的唯一翻译家。他将翻译理论总结为"美化之艺术",并进一步从中提炼出"三美""三化"和"三之","三美"指"意美、音美、形美","三化"指"等化、浅化、深化","三之"指"知之、好之、乐之"。他认为最好的原文变成对等的译文,并不一定是最好的译文,因此他主张用最好的译语表达方式来体现原作的内容,这就是著名的"优势竞赛论"。

(二)西方的翻译理论

通过总结翻译现象和翻译活动,抽象概括出某种翻译理论,是所有翻译理论研究者的共同追求。随着众多学者对翻译理论研究的深度和广度的扩展,就形成了不同的翻译理论流派,这些流派从不同的角度和切入点来研究翻译,对翻译有着不尽相同的认识和理解。西方翻译有着几千年的历史,翻译理论成果丰富灿烂。国内从20世纪下半叶开始引进西方翻译理论,其接受和消化西方翻译理论的过程值得反思。这些西方翻译理论大大开阔了国内翻译研究者的视野,为国内的翻译理论研究奠定了扎实的基础。在此,将对七种主要的翻译理论流派进行基本的阐述。

1. 语言学派的理论

从语言学的角度来研究翻译问题,是从奥古斯丁开始的,他是西方翻译理论的语言学传统的鼻祖和创始人。谈到语言,人们就会想到符号这个概念。在参照和继承了亚里士多德的"符号"理论的情况下,奥古斯丁指出语言符号包括"能指""所指"两种内容,并揭示了这两者和译者"判断"之间的相互关系。

既然是从语言学视角研究翻译,那么语言学的观点必然会影响着对翻译的研究。毫无疑问,西方翻译理论受到了索绪尔(Ferdinand de Saussure)的普通语言学理论的深刻影响。20世纪初,索绪尔详细说明了什么是语言以及什么是言语,并对语言的历时和共时的辨别提供了详细的解释,为此后翻译研究的语言学派构建了基本框架。也就是从这时候起,西方翻译学者纷纷注意到,语言理论可以为建构翻译模式提供理论支持。这也就导致翻译语言学派对翻译中的语言事实比较关注,如语音、词汇、句子、篇章等一些语言单元都是研究者们的着手点,试图以此探索翻译活动的普遍规律。此外,他们深深地赞同"等值"理论,认为要进行翻译,必须先解决语言之间的转换问题。

随着越来越多的人加入翻译语言学派这个研究队伍,翻译语言学派像一棵大树一样生长得非常茂盛。翻译语言学派这个队伍中最具代表性的有尤金·奈达、罗曼·雅各布逊(Roman Jakobson)、约翰·卡特福德以及彼得·纽马克(Peter Newmark)。

(1)奈达的观点

从1945年开始,奈达的主要精力就放在了对翻译的研究上,其对西方翻译理论史的贡献无人能及。他于1947年发表了《论〈圣经〉翻译的原则和程序》,这为西方语言学派科学地研究翻译掀开了新的篇章。他首次倡导要进行科学的翻译,于是提出"翻译的科学"这种打破历史的观点,翻译语言学派也因此被称为翻译科学派。他又将信息论引入了翻译研究,创立了翻译研究的交际学派。

奈达认为,在翻译过程中,应该遵循四大原则。

相较于词语一致,保证上下文一致更为重要。对于单词的含义来说,其中涉及的不是语义点,而是语义域,即一个词往往具备多层含义。在不同的语言中,相应词的语义域并不是完全相同的,因此译者在翻译时需要选择正确的词语对原作进行恰当翻译,考虑选择的词语是否上下文一致,而不应该仅限于某个单词的一致。

相较于形式对应,动态对等或功能对等更为重要。从读者的角度而言,奈达认为译作应该关注是否能够被目的语读者理解。当然,其中的理解并不是目的语读者对某些词语的理解,也不是对句子规范的理解,而是对译作做出怎样的反应。当然,这种反应要求是基本一致,不可能是完全一致,因为源语与译语的历史、文化等存在明显差异。

相较于书面形式,口头形式更为重要。无论是何种语言,书面形式与口头形式并不是等同的,有的语言书面形式较为优美,但是如果放在口头上就很难让人理解。因此,译者在进行翻译时需要注意:翻译时尽量避免使用令人误解或者模糊的词语;翻译时尽量不要使用让人误解的语序及发音;翻译时尽量不要使用粗俗的词语;翻译时尽量不要使内容超载,保证简洁最好。

相较于传统的语言形式,译者的需要更为重要。这就是说要照顾读者群体的需要,将大众语言反映出来,而不应该仅限于传统语言形式。

(2)雅各布逊的观点

美国著名语言学家雅各布逊在1959年发表了《论翻译的语言学问题》一文,从语言学、符号学的角度审视翻译,提出了语内翻译、语际翻译和符际翻译三种翻译类型。雅各布逊认为翻译必须考虑语言的功能以及语言的比较。雅各布逊一直坚持语言功能理论,使得翻译研究跳出了词汇、句子和语篇等的限制性框架结构,而为翻译研究开拓出了一种语境模式,重点关注翻译中语言的意义、等值、可译性和不可译性等根本问题。

(3)卡特福德的观点

卡特福德注重从现代语言学视角诠释翻译问题,他提出了以下几个主要的翻译观点。

第一,要想进行适当的翻译,必须先确立语言之间的等值关系。

第二,翻译以"对等"为中心和准则。

第三,他创立了"转换(shift)"这一概念,并将其分为"层次转换"和"范畴转换"两种形式。

第四,他还思考了如何培养翻译人员的问题,对此他认为要辨别原文和译文在语言上的不同特征并分析两种语言的限制性因素。

(4)纽马克的观点

英国学者纽马克从跨文化交际理论的视角和现代语言学的视角,提出了"交际翻译"和"语义翻译"两个重要的翻译策略。交际翻译力求接近原文文本,语义翻译在目标语结构许可的情况下尽可能准确再现原文意义和语境。此外,他对雅各布逊的功能模式做出了修改,将文本功能分为寒暄功能、呼唤功能、表情功能、元语言功能、信息功能、审美功能六种,并据此来系统描述、比较源语和目的语,以期建立文本类型的样板。

2. 功能学派的理论

在20世纪70年代到80年代,由于翻译研究对语言学的依赖,翻译理论与实践出现了严重分离的现象,翻译的功能学派就在这种情况下出现了。

功能学派翻译理论将分析翻译的角度延伸到了交际理论、行为理论、信息论、语篇语言学以及美学等领域,推翻了原文的权威地位,并从目标文本的立场去研究翻译。功能学派的主要代表人物有凯瑟琳娜·莱斯(Katharina Reiss)、汉斯·弗米尔(Hans Vermeer)、克里斯蒂安·诺德(Christiane Nord)、贾斯格·霍兹·曼塔里(Justa Holz Manttari)等。

(1)莱斯的观点

莱斯的研究呈现阶段性特征。在早期阶段,她主要研究语篇对等。但是,她在研究后期意识到翻译不存在对等,因此颠覆了之前的研究成果。后来,她转而研究翻译的功能,弗米尔也加入了她的研究行列。在1971年出版《翻译批评的可能性与限制》一书中,莱斯引入了功能范畴,使语言功能、语篇类型和翻译策略三者成为一个有机整体,使得基于原文与译文功能关系的翻译批评模式有了新的进展。功能派理论思想随之萌芽。

莱斯认为,文本类型是多种的,不同的文本类型对应不同的翻译方法。她将语篇分为"信息(informative)文本""表情(expressive)文本"和"感染(operative)文本",这种划分只在译文和原文功能对等的时候才有意义。任何一种翻译类型都只是出现在特定环境中,并有着特定的翻译目的。判断一篇译文质量优劣的标准是译文能否传达原文的主导功能。功能主要由接受者决定,目标文本的形态首先就要符合这种功能和目的。因为莱斯的文本类型划分只适合于特定条件,所以她的功能对等论不被视为常规标准而只被当作特殊标准。

(2)费米尔的观点

在批判莱斯理论的基础上,弗米尔创立了目的论,以至于有人将功能学派称为目的学派。

费米尔沿用了符号的概念,将翻译、符号与非语言行为进行联系,认为符号的使用也是翻译目的所驱动的,并且受到跨文化交际的制约。在他看来,翻译就相当于语言符号的转换和非言语行为。

费米尔著名的目的论包括一系列的原则,最主要的是连贯原则、忠实原则和目的原则,并且目的原则统摄连贯原则、忠实原则。换言之,目的原则的要求是排在第一位的。

连贯原则主要针对的是语篇内的连贯,也就是指译文的前文和后文要有一定的逻辑关联,语言表达应该地道、真实、自然,并能够为目的语文化和交际提供某些价值。

忠实原则主要针对的是语篇间的连贯,也就是指译文和原文在内容和形式上应该有逻辑关联,但也并不是机械地要求译文和原文一模一样。面对同一篇原文,每一个译者可能有着不尽相同的理解,那么译文存在的目的和译者的理解就决定了忠实的程度和形式。

第二章　商务英语翻译概述

目的原则认为,翻译行为都具有一定的目的,译者在这个目的的指引下采取相适应的翻译方法。

在上述三个原则中,语篇间连贯从属于语篇内连贯,而二者同时受目的原则的统领。也就是说,当目的原则要求语篇间或者语篇内不连贯时,二者都将失去作用。

(3)诺德的观点

诺德首先围绕语篇分析做了一些研究,其次还探索了具体的翻译类型,并从哲学的视阈下探讨功能主义目的论。

诺德对翻译中人的因素尤其关注,如译文接受者、译者的双语能力与译者培训等方面。另外,她对忠实原则也格外重视,并且在折中的思路下提出了"功能加忠诚"模式,此处的"功能"是指译文要让译语文化接受者受到某些启迪或者获得一些帮助,而"忠诚"是道德层面的概念,涉及的是翻译活动参与者之间的关系,强调译者应当通盘考虑所有参与者的期望。

(4)曼塔里的观点

在冯·莱特(Gerog Henrikvon Wright)的行为理论和里宾(Jochen Rehbein)的功能语用学的基础上,曼塔里提出了翻译行为论,这对功能派翻译理论是一次新的拓展和完善。曼塔里特别重视行为参与者,包括信息发出者、信息接受者、译者、译文使用者,也同样强调环境条件,如时间、地点、媒介等,并且认为译者自始至终就是翻译行为中的关键人物,他精通并且实施着跨语际转换。曼塔里强调,目的语文本本身携带着相关功能,这些功能需要在跨文化交际的视角下从语用角度才能实现。这就和译者主体性联系了起来,也就是说译者主体性的实现不仅有着语境的大前提,更需要做出"功能改变"。

3. 结构主义学派的理论

结构主义作为一种认识事物的思维方式,引领了以结构分析法为特点的一股研究热潮。结构主义将所有事物都纳入结构中,并试图通过分析结构探索事物的本质。一个结构包含以下三种特性。第一,自我调整功能。自我调节是结构的本质特性,涉及结构的内在动力,具有一定的守恒性以及某种封闭性。不断变化的结构系统所产生的要素总是属于这个结构,并能保存该结构的规律。第二,动态性。一切结构都是一个变化着的转换系统。最初级结构呈现出数学群的状态,更高级别的结构显现出亲属关系。第三,整体性。结构中的各要素相互依存并且有机结合,最后产生的效果大于各个要素的简单叠加。

后结构主义侧重结构的建构和解构。结构没有终极意义,因此解释的目的是强调事物的本身以及这个阐释过程。所有知识可以通过描写来得到,可以通过一定的中介或组织在话语中而被理解。知识结构不是现实世界的准确表现,它随着情景的变化而一直处在变化之中,也随之需要被重新重构。因此,学习也不再是简单地由外到内地转移、存储知识,更多的则是学习者自己主动构建知识的过程。

4. 解构学派的理论

在20世纪60年代后期,在反对结构主义的基础上,解构主义学派的翻译理论悄然兴起,强烈地冲击了传统的翻译理论。解构主义对本质的否定、对结构的拆除以及对译者的突出,给翻译研究注入了新鲜血液。首先,解构主义翻译理论认为,一部翻译作品的好坏,需要经过时间的检验。如果一部翻译作品能在长时间内被读者所接受,并且使原文也经久流传,那才真的算是质量高的翻译作品。另外,原文和译文的差异是客观存在的,译者就是要将这种差异展现在读者面前,读者对这种差异的反应程度决定了一篇译文的价值。再者,原文与译文之间的关系是平等的,译文不需要靠近、复制原文,也就是说,所有文本都有"互文性",没有权威性和创造性。

解构主义的主要代表人物有瓦尔特·本雅明(Walter Benjamin)、雅克·德里达(Jacques Derrida)、保罗·德曼(Paul Derman)、劳伦斯·韦努蒂(Lawernce Venuti)。

(1)本雅明的观点

解构主义翻译思想的萌芽起源于本雅明于1923年发表的《译者的任务》一文。他对可译性问题给予了研究,他认为原作是否有翻译的需求,最大程度上决定了可译性,另外还要看是否有合适的译者。他的某些观点促使人们认识到盲目追求忠实的翻译是不可取的,译作不是处于次要的位置,这对后来解构学派翻译思想家颇有启发。

(2)德里达的观点

德里达被称为"解构主义之父",他在1980年发表的《巴别塔之旅》一文中从哲学的角度对"翻译"进行了深度解构。德里达反对传统哲学中的唯一本原的思想,并提出通过延异、播撒、踪迹、替补来瓦解"在场(presence)"。在这四种解构主义策略中,延异是德里达自创的用来表现存在与意义之间的某种原始差异,从而瓦解结构主义意义确定性的关键术语。

(3)德曼的观点

保罗·德曼深度挖掘语言的本质,并在其翻译思想中展现了哲学观点,但是他不对具体的翻译原则和方法提出过多的见解。他生前在一次演讲中指出,本雅明思想并非救赎式语言观,这打消了人们对本雅明思想的错误认识。他解构式地分析了可译性、译文和原文的关系等,他的角度新颖独特,引起了人们对翻译本质和过程的深入思考。

(4)韦努蒂的观点

韦努蒂反对传统翻译以目的语为中心的做法,并认为译文不需要通顺,因此他提出了"抵抗式翻译"的异化翻译策略。他运用德里达的解构主义思想展现了原文或译文的断裂,并借此批判了文本背后的权力关系。解构主义倡导译者和原文作者的平等以及译文和原文的平等,所以否认原文的终极意义。

5. 建构主义学派的理论

在对结构主义和解构主义翻译理论批判的基础上,建构主义翻译理论出现了。建构主义翻译理论具有重构的性质,它以交往理性、实践哲学以及言语行为理论为基础。建构主义翻译理论对言语的实际运用更为关心,它认为言语主体的情感、目的等随着语境的变化而变化。在语言的实际使用中,要将构成性规则和调节性规则结合起来,才能使翻译准确、得体。另外,建构主义翻译理论还以共识性真理为真理观基础。这种真理观总是以当时人们的观念为评价的标准。当公众的共识产生变化时,人们的价值观也会随之而变化。尽管如此,不以时间为转移的客观性仍符合真理观。译文不仅要具有合理性、可接受性,并符合知识的客观性,还要尊重、忠实原作的定向性和图式框架。

6. 女性主义学派的理论

西方第二次妇女运动高潮的到来,促使女性主义者们开始将目光聚焦于文本。一方面,她们倡导男女平等,企图解构男性中心话语。另一方面,受翻译研究"文化转向"的影响,女性主义也开始对自己的文化身份感到不满意甚至怀疑,并且想要进行身份重建,女性主义翻译理论就这样产生了。女性主义翻译理论是把女性主义和翻译融合在一起,在研究翻译的同时也分析女性主义是如何与翻译相连接的以及女性主义对翻译有哪些重要的积极影响,打破了传统译论中原文与译文的主仆关系,并认为译文不需要忠实原文。

雪莉·西蒙(Sherry Simon)、劳丽·钱伯伦(Lori Chamberlain)等都为女性主义翻译理论做出了极大的贡献,另外一位学者巴巴拉·格达德(Barbara Godard)也为女性主义翻译理论发表了些许著作。

(1)西蒙的观点

西蒙所著的《翻译的性别:文化认同和政治交流》(1996)是西方第一本

从女性主义视角下全面论述翻译问题的学术性专著。她的翻译观非常独特，认为原文中包含无限个文本链与话语链，而翻译就是其中意义的延伸。在她看来，翻译不是语言之间的转换。另外，她也指出，社会意识和话语建构了性别，而性别又构成了身份与经验。

(2) 钱伯伦的观点

钱伯伦对性别政治十分关注，她通过分析17世纪到20世纪翻译中的性别化隐喻来探索其中的性别地位。西方文化一直将翻译视为和女性同等的地位，认为翻译是次要的。将这种男女之间不平等的地位关系投射到文本关系上，是不合理的，必须消除。女性的地位、女性译者的地位都应该得到提高。

7. 后殖民主义学派的理论

后殖民主义翻译理论作为一种多元文化批评理论，是将翻译和政治、民族、种族相结合的产物。后殖民主义主要分析宗主国和殖民地的关系、帝国主义的文化侵略，揭露了西方形而上学话语的局限性，使民族、文化或团体成为话语的"主体"和心理认同的对象。帝国主义开展殖民活动的对象由曾经的领土转变为现在的意识。这从翻译方向的不平衡性上就可以看出来，强势语言被翻译成弱势语言的作品较多，而弱势语言被翻译为强势语言的作品较少。

后殖民翻译理论的主要代表人物有被称为"后殖民的圣三位一体"的爱德华·赛义德（Edward W. Said）、盖亚特里·斯皮瓦克（Gayatri Chakravorty Spivak）和霍米·巴巴（Homi Bhabha）。此外，道格拉斯·罗宾逊（Douglas Robinson）和特佳斯维妮·尼兰贾纳（Tejasveni Nilanjana）也是比较有影响力的人物。

(1) 赛义德

在赛义德看来，西方殖民主义者想要制约东方，就制造出了东方主义这样一种根深蒂固的政治教义。东方一直处于被西方主流学术界所忽视的地位，而赛义德偏偏将研究的目光聚焦于此，他的研究成果对后来所有的后殖民主义翻译理论和实践都带来了启迪。赛义德备受关注的另外一个学术成果就是"理论的旅行"概念。他指出，当某种理论在进入另一个情景的过程中，会失去自身的某些特征，并且与进入地的文化发生相互作用。因此，翻译完全会导致理论的变化。正因为如此，通过翻译而达到的文化再现使东方在西方人眼中始终扮演着一个"他者"的角色。

(2) 斯皮瓦克

斯皮瓦克的翻译研究视角纷繁复杂，他擅长将其他领域的思想植入翻译研究中，并因此派生出自己的翻译理论。他既从比较文学、社会学、哲学、人类学中吸取精华,又从解构主义、翻译理论、女性主义、马克思主义等流派中进行广泛的借鉴。斯皮瓦克深受解构主义的影响,并从一种独特的文化理论阐释的角度解释并发挥了德里达的重要理论概念,如延异、差异、播撒、痕迹、踪迹、语言中心主义、逻各斯中心主义等。从此,阐释作为人文科学著作翻译的新手法被人们所了解,这是一种不囿于原文语言和结构的翻译策略。不仅如此,斯皮瓦克还对语言的修辞与逻辑之间的关系进行了研究,认为修辞是摧毁逻辑的主要力量,因此译者应该认可语言的修辞性,并且认为翻译是一种涉及伦理和政治的文化批判问题,而不仅仅是传递意义。

(3)巴巴

巴巴的主要研究成果在后殖民理论中是不可替代的,如他提出的"第三空间""混杂性""言说的现在"等概念,其中混杂性理论影响了全球性后殖民语境下的民族和文化身份研究。巴巴对民族建构与话语叙述理论进行了系统的学习,并且很自然地将二者应用于文化翻译实践,进而产生了积极的效果,从而使后殖民文化研究和翻译理论研究在解构性方面有着创造性的表现。他的文化翻译理论直接对西方文化霸权主义发起挑战,强调语境的特殊性、历史的差异性,并且为少数族裔的立场摇旗呐喊。

(4)罗宾逊

罗宾逊深入系统地掌握了西方翻译理论和历史,并将解构主义和后殖民理论结合起来,从语言学和文学翻译角度对翻译问题进行系统的研究。人们可能怎么也想不起来"帝国"和翻译有什么联系,正是罗宾逊将二者结合起来进行探索,并撰写了《翻译与帝国:后殖民翻译阐释》这本经典著作。在该书中,他从帝国的政治、文化、社会视角,考察翻译在殖民化与非殖民化发展历史中的功能。在他看来,翻译就是一种人际沟通,译者需要和原文作者、目的语读者进行沟通。另外,他还从艾里克·切菲兹(Eric Cheyfitz)的后殖民翻译理论吸取学术营养,以此来分析人种学、人类学与翻译的关系。

(5)尼兰贾纳

尼兰贾纳指出,翻译可以改变文化和社会。由此可见,翻译和文化之间是息息相关的。因此,他认为翻译是把一种文化翻译成另一种文化能够理解的语言活动。

在尼兰贾纳看来,翻译与文化关系密切,是文化和社会转变的重要因素。她在《为翻译定位:历史、后结构主义和殖民语境》一书中,对后殖民语境中的翻译问题进行了分析和论述,将文化和政治因素引进了翻译研究。在她的研究视角中,翻译并非语言转换,而是一个建构起殖民主体的话语场所,形成了一种不平等的权利关系。尼兰贾纳认为,如果要探索翻译和文化、殖民主义的关系,就应该将翻译与人种学结合起来进行分析。

第二节 商务英语的内涵与学科属性

随着交往的日益频繁,商务英语在社会交往中有着非常重要的作用,社会对商务英语人才的需求在数量与质量上提出了更高的要求。因此,对商务英语进行研究,分析其具体的内涵与学科属性,具有很强的现实意义。本节就对这两大层面展开分析。

一、商务英语的内涵

1980年,我国的商务英语主要用于对外贸易交往,因此很多人也将商务英语称为"外贸英语",即用 Foreign Trade English 来表示。现如今,随着经济的迅猛发展,我国在各个领域、各个层面,与国外的交往日益频繁,因此商务英语的内涵也在不断扩大,已成为一门独立的学科。

从字面上可以看出,商务英语涉及商务与英语两个部分。

第一,作为一种语言,商务英语必然用于交际,用于传递信息,其传递的信息可以将商务学科领域的特征凸显出来。

第二,在不同的场景中使用英语,因此具备自身的独特性。

当然,需要指明的一点是,商务英语不是商务和英语的简单相加,是二者的有机结合。

商务英语是从专门用途英语中来的,其原本意义指代的是在国际商务活动中使用的语言。之后,随着经济的发展,国与国之间的交往日益全球化,商务与英语之间的融合不断加深,商务英语的内涵也在不断扩大。

商务英语的本体已经从语言学逐渐向其他学科渗透,甚至超出了语言层面,成为可以包含商务领域的大的概念。商务英语的本体构建应该从学科间的交融出发,不能仅仅置于某一传统的学科框架内。可见,商务英语是一个动态的、发展中的概念。

二、商务英语的学科属性

(一)研究对象

无论是商务英语这门学科还是其他学科,研究对象、研究方法等都是其重要的基础,而研究对象是其中基础的基础。当然,商务英语有其具体的研究对象,在确定其研究对象之前,需要考虑如下三点。

第一,商务英语这门学科的性质,对于研究对象起着决定性的作用。

第二,要明确商务英语研究是否能够收到可靠的结果。

第三,要保证商务英语研究是否可行、是否现实。

随着交叉学科不断出现,很多学科可能研究的是同一方向,这从一定程度上改变了以研究对象作为区分学科的标准。商务英语属于一门交叉学科,因此对其研究对象的确定也凸显了这一特点。

同时,随着自然与社会科学的进步,很多学科不断交融,因此研究对象也具有了多元化的特点,这就导致学术研究出现了综合性与分化性的趋势。说其具有综合性,即不同学科呈现出自身的优势,对一些相同项目展开研究,对一些相同的问题加以解决。说其具有分化性,即不同学科基于自身的优势,对与其他学科不同的地方展开研究,因此在选择研究对象时能够更加专业化。商务英语研究就是随着时代的发展而不断细化而来的,通过展现自身的独特性,建构自身的目标。

我国对商务英语的研究对象力度相对较小,但是不可否认其是一个重要的层面,需要共同探讨与研究。否则,将商务英语建设成一门独立学科是非常困难的。

从商务英语的内涵可以发现商务英语的三重属性。

第一,商务英语具备跨文化交际的特征。

第二,商务英语随着时代的发展而不断发展。

第三,商务英语是基于语言学建立起来的,属于应用语言学的一个分支。

因此,在确定商务英语的研究对象时,应该将上述三点考虑进去。目前,一些专家、学者对商务英语的研究对象进行了探讨。

著名学者林添湖认为,商务英语作为一门独立的学科,其研究对象应该是商务英语教学的规律。具体而言,其研究对象涉及两个部分:一是教学主体、教学客体、教学载体、教学受体这四大层面之间的关系;二是其中涉及需求分析、教材选编、课程设置等重要环节。显然,从这一点可以看出,该学者将商务英语限制到商务英语教学的范畴,即将商务英语教学视作研究的对象。

著名学者陈淮民、王关富等人对上述学者的观点是赞同的,认为商务英语的研究对象应该是商务英语教学。他们也认为,就商务英语的发展历史而言,其是在专门用途英语的指导下,开展具有中国特色的英语教学活动。也就是说,对商务英语活动展开完整、系统的描述,从学生的需求出发展开教学,这实际上是将商务英语置于语言学这门学科内容中。

对于上述观点,笔者都赞同,但需要注意的是,商务英语除了将教学视作研究对象外,还需要将语言、文化、文体等内容考虑进去。这是因为商务英语属于应用语言学的分支学科,而语言教学也属于应用语言学的范畴,因此除了教学外,还需要将语言本身视作商务英语研究的对象和重点。

(二)研究任务

一般而言,一门学科的任务就是对这门学科展开的总体规定,而其内容是对该项任务的分解。因此,对一门学科展开研究还需要明确其研究任务,当然商务英语的研究任务也是非常重要的。

众所周知,一门学科涉及两个层面的内涵:理论与应用,因此其研究任务也需要将这两个层面包含在内。商务英语的核心在于对商务英语教学展开研究,就是说商务英语研究的任务用什么策略和方式可以使教学更高效。

翁凤翔将商务英语的研究任务分成了两个层面,并在两个层面的基础上进行了细分,如图 2-1 所示。

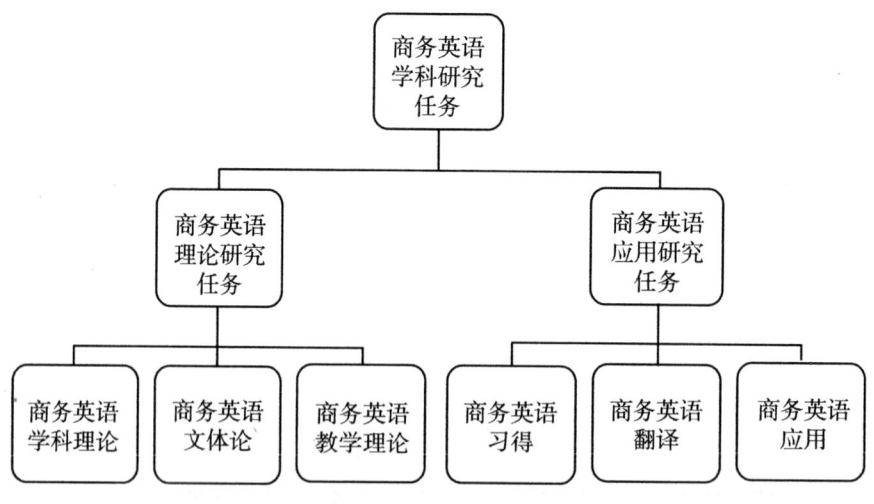

图 2-1 商务英语学科的研究任务

通过图 2-1 可知,商务英语学科的研究对象主要涉及两大层面:理论研究与应用研究。理论研究包含如下三个层面。

(1)商务英语学科理论,涉及该理论的完善与建构。

(2)商务英语文体论,涉及一些特殊文体的功能与呈现。

(3)商务英语教学论,涉及与其他教学相比,商务英语教学的异同点以及自身优点。

应用研究包含如下三个层面。

(1)商务英语习得,涉及如何基于商务英语教学理论的指导,运用恰当手段习得商务英语知识。

(2)商务英语翻译,涉及商务英语翻译学与其他翻译学的异同点以及商务英语翻译学自身的特殊性。

(3)商务英语应用,涉及商务英语在实际商务活动中的具体实践应用。

(三)研究内容

就商务英语的研究对象与任务而言,商务英语教学必然成为其主要研究与探讨的内容,这也是其他学科并不参与研究与探讨的部分。因为商务英语教学将语言教学视作核心,并将语言学作为基础理论来探讨,因此商务英语的研究内容对于语言学是非常侧重与关注的。但需要注意的一点是,我国将英语视作第二语言,因此在研究上也会存在差异性。

当然,商务英语的研究内容还涉及心理学的内容。这是因为研究语言必然需要研究人们是如何习得语言的,这与心理活动研究有着密切的关系。另外,商务英语学科的研究也与教育学密切相关,这是因为教育学为商务英语教学提供了教学规律与理论。

第三节 商务英语翻译的意义与准则

自加入WTO以来的近二十年间,我国与国际社会的交往越来越频繁,尤其是商务领域,已经步入了全球经济一体化的进程中。在这一时代背景下,社会对商务英语翻译的要求越来越高,对具有这一能力的人才的需求也越来越大。本节就来研究商务英语翻译的意义与准则。

一、商务英语翻译的意义

当前,随着经济的进步与发展,国与国之间的交往日益频繁。在国际交往过程中,合作双方需要了解对方的文化、准则等。但是,很多时候,合作双方并不精通外语,因此商务英语翻译显得非常重要。具体来说,其意义主要体现为如下几点。

(1)商务活动包含不同的专业和领域。因此,从事商务英语翻译的人必须对相关专业有所了解。如果是涉及某些专业的资料,那么就需要找一些了解这些资料的人展开翻译,这样才能保证合作的顺利展开。

(2)商务翻译讲究技巧。商务活动必然将合同、说明书、法律等内容包含在内,其中仅仅是商品名称这一项,就需要掌握一定的技巧,其翻译好坏直接对销售产生影响。因此,商务英语翻译这项工作非常复杂,包含很多的商务知识,与交易双方的利益有着直接的关系,因此对翻译的要求也更高。

(3)翻译是一门驾驭文字的艺术。如果译者不具备英汉语言功底,那么对于商务英语翻译这项工作是很难胜任的。一个好的译者不仅能够传达原文的语义信息,同时能够将原作的艺术感染力表现出来。

二、商务英语翻译的准则

(一)忠实

忠实是翻译商务英语时必须遵循的首要原则。所谓忠实,就是指忠实于原作的内容。译者必须把原作的内容完整地表达出来,不得有任何篡改、歪曲、遗漏或任意增删的现象。这就要求,商务英语的翻译必须忠实于原文的信息,不能任意添加或删除信息。但需要注意的是,这里的忠实并不意味着译者必须将原文每个词语都翻译出来或逐字逐句地翻译,而是要求译文忠于原文的内容意旨和风格效果。例如:

Bank bonds are also popular because they have a short maturing and are currently offering an interest rate of 20% more than the average bank deposit rates.

译文1:银行债券也颇受欢迎,因为期限短,利息也高于银行的平均存款利率。

译文2:银行债券也颇受欢迎。因为它期限短,而且目前正提供高于银行平均存款利率20%的利息。

本例中,译文1遗漏了一个重要信息——are currently offering an interest rate of 20%,因此没有做到忠实于原文。译文2没有漏掉任何信息,将原句含义完整地再现给了读者,做到了对原文的忠实。

(二)准确

商务英语文本往往涉及交际双方的利益,在翻译时必须做到准确无误,否则就会阻碍交易的顺利进行,甚至会制造摩擦、争端。要做到翻译准确,译者首先要对原文有充分理解,其次要联系上下文语境来确定该词在文中的准确含义,然后用准确的词语将原文的含义表达出来。例如,shipment date 和 delivery date 从字面上看都意为"装货日期",但在商务交往中,这两个词表示的含义有着细微的差异:前者指的是货物装船启运(离港)日期,后者是指货物的到货(到港)日期。译者如果不了解这一差异,就会产生误译,继而造成履约困难甚至引发纠纷。试比较下面四句话。

(1) Rout duties of the Joint Venture Company are to be discharged by the general manager appointed by the Board of Directors.

(2) Unless the claims are fully paid, ZZZ shall not be discharged from the liabilities.

(3) Subject as hereinafter provided, the Lay time allowed to Buyer for discharging a Cargo shall be seventy-two(72) running hours after the arrival of the vessel at the discharge port including Sundays and holidays.

(4) The invalidation, cancellation or discharge of a contract does not impair the validity of the contract provision concerning the method of dispute resolution, which exists independently in the contract.

以上四个句子都含有 discharge 一词,但是在不同的合同条款中,其词义也有很大的区别。第一个句子的 discharge 是动词,意思为"履行";第二个句子的 discharge 是动词,词义为"免除";第三个句子的 discharge 也是动词,表示"卸货";第四个句子的 discharge 是名词,意思为"合约的解除"。了解了 discharge 在每个句子中的具体含义,我们可以将上述四句话分别翻译如下。

(1) 董事会任命的总经理,负责履行合营公司的日常职权。

(2) 除非这笔债款全部清偿,否则,乙方不能免除承担该债务。

(3) 在下列所列条件下,每船卸货时间为船舶抵港后72小时,含星期日和节假日。

(4) 合同无效、被撤销或解除,不影响合同中独立存在的有关解决争议方法的条款的效力。

(三) 简洁

对于商业人士而言,时间就是金钱。商务活动的顺利进行往往意味着巨大财富。因此,商务用语具有简洁明了的特点,同样,商务英语翻译也应该做到这一点。但需要指出的是,简洁并不意味着译者可以随意删减原文信息,而是要求译者在抓住原文主要信息和强调重点的基础上,用最简明的语言表达出原文含义。例如:

Because of their low price and the small profit margin we are working on, we will not be offering any trade discount on this consignment.

译文1：我们经手的这批货物价格非常低，利润少得可怜，所以我们在这笔交易中不可能给你们提供任何的折扣。

译文2：鉴于本批商品价格低廉，利润微薄，本公司抱歉无法给予任何折扣。

译文1在语气上过于口语化，缺乏正式性，行文烦琐，不符合商务用语的语言特点。译文2采用较为正式的语言，不仅言简意赅，而且风格也与原文相符。

此外，商务英语的简洁性还体现为使用缩略词语上。例如：

THO(though)虽然，尽管

APPROX(approximate)近似的，大约的

BK(bank)银行

MEMO(memorandum)备忘录

im(import)进口

pro(professional)专业人员

BIZ(business)商业，业务，生意，交易

NU(new)新的

D/A,DA(Document against Acceptance)承兑交单

L.B.(long bill)远期票据，长期票据

NIC(National Information Center)国家信息中心

QS(quality specification)质量标准

(四)专业

商业交易的产品、服务、技术涉及多个领域。因此，商务文本中也不可避免地会用到大量专业词汇和术语。对此，译者必须选择对应的专业词汇来翻译。要想做到这一点，译者首先必须熟练掌握相关的专业知识和商务知识，在翻译时选择精确的词汇，合理组织语言，以专业表达方式对应专业表达方式。这样一方面做到了对原文的忠实，另一方面也保证了译文的专业性。例如：

In handling account settlement businesses such as honor, remittance and trust acceptance negotiable instruments, a commercial bank should honor and enter the receipts and payment into the account book within the set period of time and must not hold down the bill or money order or return them in violating the law.

商业银行办理票据承兑、汇兑、委托收款等结算业务，应当按照规定的期限兑现，收付入账，不得压单、押票或者违反规定退票。

以上这个例句中出现多个专业词汇,如 honor,negotiable instruments, hold down,receipt 等,它们既是普通词汇,在商业英语中又是专业词汇,比如,honor 一词的常用词义为"荣誉,信用",但在此处的含义为"承兑"。译者在准确翻译这些专业词汇的基础上,用简洁精练的语句、正式规范的文笔保证了该译文的专业性。

The date of receipt issued by transportation department concerned shall be regarded as the delivery of goods.

由承运的运输机构所开具收据的日期即被视为交货日期。

上例句中的 concerned 字面意思为"有关的",但若根据合同内容和相关的商务业务知识可知,这里的 transportation department concerned 实际上指的是"承担合同货物运输责任的运输机构"。因此,译文的翻译处理得准确、专业。

This credit is available by beneficiary's draft(s), drawn on us, in duplicate, without recourse, at sight, for 100% of the invoice value, and accompanied by the following shipping documents marked with numbers...

本信用证凭受益人开具以我行为付款人按发票金额100%计算无追索权的即期汇票用款,该汇票一式两份,并须付有下列写上数字的装运单据……

这是商务信函中的一个典型句子,充分体现商务信函的语言特点,即句子简洁但信息含量很大。原文中大量使用专业词汇,如 without recourse, at sight, for 100% of the invoice value 均为商业付款方面的专业术语及表达方式。通过译文我们可以看出,译者同样使用对应的专业词汇进行翻译,句子简洁连贯,意思表达准确,做到了与原文"语义"和"风格"上的对等。

(五)规范

商务英语的部分体式(如商务信函、商务合同等)在长期的使用过程中形成了较为固定的格式,翻译时必须保持格式上的规范,或与原文格式保持一致,或对原文格式进行调整,又或与目的语格式保持一致。总之,要根据不同的体式进行不同的处理。

除格式上的规范以外,商务英语翻译在用语上也必须规范。这是因为,部分商务体式(如商务信函、商务合同等)在长期的发展过程中对某些含义形成了约定俗成的固定表达。对于这些固定表达,翻译时可直接套用目的语中的对应表达方式,以使译文语言显得更加规范。例如:

跨文化交际视阈下的商务英语翻译探究

Dear Sir,

　　Thank you very much for your interest on our product.

　　In reply to your enquiry of November 10, we are sorry to say that we cannot divulge any of our sales information. We hope this will not bring you too much inconvenience.

Yours truly,

Alice Austin

(Secretary of the Administration)

敬启者：

　　承蒙贵方对我们的产品感兴趣，十分感谢。

　　兹复贵方11月10日询价函，我们非常抱歉地奉告，我们不能泄露我方的任何销售情况，我们希望这不会给贵方带来很多不便。

敬上

爱丽丝·奥斯汀

（行政管理部秘书）

　　这封信函格式规范、措辞严谨、语气委婉，因此译者也采用了同样的语言风格进行翻译。另外，在翻译"Thank you very much for…""In reply to your…"等信函中的常用句式时，译者套用了汉语信函的固定表达方式，将其分别翻译为"承蒙贵方……十分感谢"和"兹复贵方……"，一方面增强了译文的正式感，另一方面也使译文符合汉语表达习惯，同时也体现出了商务信函的规范性。

第三章 跨文化交际与商务英语翻译

当前,我国对外活动日益频繁,而其本身就是一种跨文化交际。可见,商务英语与跨文化交际密切相关。商务英语是跨文化商务活动中双方都认可的语言,其经常被转换成另外一种语言展开交流。本章就对跨文化交际与商务英语翻译的关系进行探讨。

第一节 文化因素对商务英语翻译的影响

就跨文化交际视角而言,翻译可以视作两种文化之间的转换,并且文化、文化差异以及文化因素对商务英语翻译起着重要的影响。基于此,本节首先分析文化与文化差异,进而探讨文化因素对商务英语翻译的影响。

一、文化差异

价值观是指人们对周围客观事物的意义、重要性的总评价。人们对客观事物的主次、轻重、好坏的排序,构成了价值观体系。而价值观和文化是双向互动的关系,因此不同的文化促成了不同的价值观。以下就对中西价值观进行比较分析。

(一)审美观念差异

美学由西方哲学和诗学(文艺理论)发展而来,由德国哲学家、美学家亚历山大·戈特利布·鲍姆加登(Alexader Gottlieb aumgarten)于1750年提出。审美是人类独有的心理活动,是人们根据自身对某事物的要求所做出的一种对事物的看法。审美是一个群体中人与人之间联系的纽带。审美观是审美主体对美的总的看法。审美观作为价值观的重要组成成分,与价值观的其他组成部分有着密切的联系。通常情况下,审美观随着需求和认知的变化而变化,因此它体现了个体的需求和认知,而且审美观还因文化的不同而不同。

1. 艺术审美观

在哲学领域,艺术美学是一个重要组成部分,被称为"艺术哲学",起初是指"对感观的感受"。根据艺术美学的理论,艺术是美,美也是艺术。中西方艺术审美观既有共性,也有差异性。

(1)中西方艺术审美观的源泉

就美学史而言,中西审美观理论源远流长。其中,老子和柏拉图式中西方审美观照理论的源头,是人类文明史上第一个轴心时代的东西方民族的伟大代表。

①柏拉图的"迷狂"。从理论形态上讲,柏拉图的审美观照理论通过他的专门论述,已经形成了相对清晰的脉络体系。他的《大希庇阿斯》就是一篇美学专论。

从审美的主客体方面讲,柏拉图比较强调审美观照时的超然物外的审美态度,强调直觉观照的方式。柏拉图认为,受到尘世欲望影响的人无法享受美的快乐,参与过多的社会琐碎事务会钝化自己对美的感受。他将美感同生理欲望、利害关系相互割裂开来。美感是灵魂在"迷狂"状态中对美的理念的回忆。需要注意的是,他的审美观照是炽烈的、沉醉的,他认为艺术家由于神灵附体而处于迷狂状态,由此产生了狂喜的、沉醉般的直觉。

从审美的实践性的角度讲,柏拉图认为审美观照与人的社会实践毫无联系,这也是他的审美观照理论的弱点所在。作为审美观照的主体,总是要用人的感受器官来进行审美观照的,而审美的感官本身恰恰不能脱离人类的实践。人类的手足、耳朵、鼻子、眼睛等审美感官是"以往全部世界史的产物",是人类全部的实践形式的历史的"积淀和遗传在人的感官上的结果",而人类的审美感官在进行观照时也同时把"全部世界史"都机能化了。

②老子的"玄鉴"。从理论形态上讲,老子的审美观照理论蕴含在他的哲学思想里,没有独立的美学体系,是比较混沌的、零散的,而更多的是为审美观照理论提供了哲学的基础。从审美的主客体方面讲,老子和柏拉图的共同点在于都比较强调直觉观照的方式,他也认为审美观照时首先要有一个"虚静"的审美心胸,排除私心杂念,保持平静如水的内心状态。然而,他和柏拉图不同的是,他的审美观照是平和的、豁达的,认为只有保持淡泊的、安宁的心境,美才会出现。

从审美实践性的角度讲,老子的审美观照理论有着和柏拉图审美观照理论一样的致命弱点。

(2)中西方艺术审美观的共性与差异性

在人类社会的初级阶段,由于生产力的不足,无论中国或是西方,起初的艺术审美都主要考虑社会功利作用。

在西方国家,艺术的主要作用是"认识"。西方阐释学家保罗·司格勒斯(Paul Sigles)将艺术比作代码,可以借助媒介传递信息。虽然在西方的历史发展过程中,艺术只在特定时期承担社会功能,但在大部分时期艺术充当着个体情绪与情感的载体。从古希腊时期起,西方哲学家就认为艺术是对自然的模仿。后来,柏拉图在《理想国》(卷十)里指出,文艺是现实世界的"影子"。亚里士多德认为,文艺只是起了"净化"的作用。西方哲学传统认为,艺术只是在观察社会、表现现实,而不能改造社会,它始终是一个旁观者。所以,西方审美观更多地表现为人类的情绪或情感,注重个体情感的愉悦。

在中国古代并没有系统的美学学科,但由很多美学概念与西方美学如出一辙。中国的艺术审美观主要来自儒家思想。在儒家传统思想中,艺术是修炼"仁爱"之心的主要手段。"言,心声也""文,心学也""书,心画也"等言论,就将艺术和心灵表现联系在一起。另外,儒家学说中的"诗言志"表明,人们可以通过文艺的修炼达到仁的境界。由此可见,中国传统文化认为,艺术是道德教育的主要载体。因此,中国艺术审美观最终更多地走向审美伦理化和功利性。

2. 文学审美观

语言美是存在于语言中的一个审美信息结构。既然是一个"结构",就不仅仅是可以意会的,也是可以言传的,换言之,人们完全可以对之加以解剖、分析、描写、表现。语言中的审美构成包括物质形态审美构成与非物质形态审美构成。物质形态的审美信息存在于音韵、词句、章节等的具体的、物态的结构中,非物质形态的审美信息存在于语言的精神风貌中。因此,审美客体的审美构成可以分为两个表里相托、形意相融的系统:形式系统和非形式系统。

中西方的文学起源不同,有着不同的文学观。西方文学起源于模仿外物,中国文学起源于心物感应。因为西方文学源于模仿外物论,文学必然具有叙事的特征。而中国的文学源于心物感应论,文学必然具有抒情的特征。西方文化选择的是知识之树,中国文化选择的是生命之树。这种文化差异表现在文学审美观上,就是西方的追寻意识,中国的空灵意识。

(1)西方的"追寻意识"

在西方人看来,主体必须尊重、了解客体,才能在这个客观世界上生存下来。这体现了西方人的追寻意识。古希腊德谟克利特曾说过:"从蜘蛛身上我们学会了织布和缝补,从燕子身上我们学会了造房子,从天鹅和黄莺等歌唱的鸟儿身上我们学会了唱歌。"这样的文化氛围经过一代一代的传承，影响了整个民族和社会。以至于亚里士多德的"模仿说"在西方文学历史上长期居于主导性地位。"模仿说"的基本观念指出，一部作品是否能够称得上美妙，要看这部作品是否能将自然中人的言行举止模仿得非常形象生动，非常接近于被模仿的对象。这种"模仿说"后来体现在文学样式上，促进了叙事文学的兴起和繁荣。亚里士多德将文学样式分为三种类型，史诗是第一位的，然后才是抒情诗和戏剧。例如，世界上各个民族的史诗无不是对民族发祥、迁徙、所经历的战斗流血以及英雄业绩的模仿和再现。从文艺复兴一直到现代文学，"追寻意识"都是西方文学中的一条主线。"追寻意识"是西方文学和审美意识中崇尚自由、追寻、发展精神的集中体现。

古希腊的文化精神经过文艺复兴的传承，已经成为西方文化的根本内涵之一。西方人赞美生活、讴歌人类、歌颂人生，不断挑战自我、超越自我，以人为本、执着现实、积极进取。作为西方文化另一渊源的基督教，重视道德，强调仁爱和救赎，将"爱"视为伦理的最高原则，深深地影响着近代新兴资产阶级。中世纪传说中的"圣杯"以及诸多骑士寻找圣杯的故事，滋生出了追随、寻找、复归等文化意义。这样，经过西方古典叙事文学的积淀，经过西班牙"流浪汉小说"的潜在导引，西方文学的主题大多是彰显个体奋斗和个人自由，由于作品吸收了广泛的社会现实的一些信息以及作者渗透出了先进的人道主义风格，因此会引起社会意识形态的审视和批判性思考。

（2）中国的"空灵意识"

中国的"天人合一"哲学观对中国文学有着重要的影响，使得中国历代文学家没有探求自然、历史等的意识，而是把注意力放在自己内在的生命意识的表达上，在文艺中强调感发意志、吟咏性情的重要作用。正如汉代的《毛诗序》所言："诗者，志之所之也，在心为志，发言为诗。情动于中而形于言，言之不足故嗟叹之，嗟叹之不足故永歌之，永歌之不足，不知手之舞之，足之蹈之。"此外，"永"即为"咏"。在这种"诗言情、歌咏志"的观念下，诗是心物感应出来的，因此就不难理解，历史悠久、人数众多的中国虽是诗歌的国度，却长期没有西方那样宏大的史诗。

"空灵"是一个美学概念，属于美学中的一种风格，主要是指作品有灵气、弹性足，可以用于形容作品在形象、内涵、意境、氛围等方面的特征。但是，中国文学将"空灵"一词的含义进行了引申和拓展，实际上是对"空灵"的一种借喻，主要是指中国文学对艺术精神、情感意趣以及"出世"思想的追求。例如，陶渊明之所以能写出这样脍炙人口的诗句——"采菊东篱下，悠然见南山"，是因为他为了释放自身的失落、伤感与愤怒的情绪，而陶醉在这种悠闲、出世的氛围中。再如，孟子提出"达则兼济天下，穷则独善其身"，这里的"穷"是指困境,在具体的现实中很多有才能、有抱负的人都遭遇了巨大的困境,可见,在儒家思想中,"达"与"穷"是两种完全相反的生活状态,但是人们在这两种状态中都能找到最理想的人生目标。当自己深处困境时,则更应该提高自己的品德和修为。当然,"穷"的状态是人们都不愿意面对的,因为它让人悲伤,人们往往为了迅速地从这种状态中解脱出来就会自觉地从内心或者外界寻找一些安慰物或者心理的补偿物。因此,中国文学的审美情趣呈现出一系列空灵性特点。例如,中国文学常以仙和仙界折射人伦社会,表现出一种超越悲剧、超越现实的浪漫情怀。

在中国文学中,"自然"是消解悲剧情怀和寄托情怀的重要因素,如象征高洁的松、竹、梅、菊等。再者,山水也充分显示出了悲剧意识的消解功能,王维就是最好的证明,他的"明月松间照,清泉石上流""行到水穷处,坐看云起时"等诗句都显示出山水自然与生命情思的呼应。另外,酒因为自身的特点常常让人意识模糊、表现出醉意,因此也能给士人们带来暂时的释放情绪的感觉。中国的文人墨客常常将酒作为自己抒发情感的意象,并且通常都是代表一种达到快乐的手段和事物,酒在中国文化中是一个非常重要的因素。"对酒当歌,人生几何",一方面,酒能够麻醉人的大脑,从而使人得到暂时的轻松,进而忘掉令人悲痛的处境和一些道德的束缚;另一方面,酒对人的精神有一种真正的放松作用。除了酒之外,梦在中国文学中也代表着一种空灵的审美形态,因为梦里的事情不是现实生活中发生的真实事情,所以它能够弥补现实的不足。例如,求仙不成的李白说"梦中往往游仙山";《桃花扇》用人生如梦以缓解巨大的悲剧意识。要说最能证明中国文学"空灵"意识的例子,应该是中国文学始终走在追求意境这条道路上,追求思想与意境的和谐共生。意境就是用有限的言语来衬托无限的意蕴,令人回味无穷。

(二)自然观念差异

1. 西方的"对立"观念

西方文化是主体与客体相对立的文化。人面对着自然,要么感到畏惧,要么就是想尽一切办法去征服。这就形成了人与自然的对手关系。

之所以形成这种状态,还要追溯到公元前3000年到公元前2000年左右的欧洲文明萌发期,即所谓"爱琴文明"时代。西方文明的发源地是古希腊。希腊半岛和爱琴海地区多山地,土地贫瘠,但是有着很多良好的港口,这种地理环境也使希腊人很早就从事海上贸易,使得希腊文明呈现出强烈的海洋性,发展了西方社会经济的商业文明。当时的人们通过航海和商业来谋生存,来发家致富。这一点可以通过考古发掘的器皿和壁画来证明,海草、珊瑚、海豚、章鱼等形象在那些器皿和壁画中到处可见,足见海洋生活对他们而言并不陌生。实际情况是,海洋比陆地更能显示自然作为人类对手的气质。大海波涛汹涌、狂风大浪、危险重重,因此人们很明白不能"靠天吃饭",也不可能"乐天知命",人们要经常面对大海搏击,人不能征服大海,就要被大海吞没。人必须具备冒险的勇气和探索精神,才能求得在海洋上的生存权利。因此,人与自然之间是一种认识、征服和改造的关系。人要勇于挑战自然,彰显人的价值和力量。

2. 中国的"顺应"观念

中国位于亚洲东部的大陆上,地形复杂、气候多样、河流纵横的自然基础很早就萌发了初期的农业文明。可以说,中国文化起源于大河,黄河被称为中华民族的母亲河,除此之外,中国还有黑龙江、松花江、辽河、长江等各大流域。农耕文明与游牧文明的互动推动着中华文化的不断发展,总体上还是以农耕文明为主导。

在农耕社会,自然条件的好坏直接影响着人们的生活状况,人们在当时无力改变自然条件,祈求自然的眷顾、赐予,希望风调雨顺、五谷丰登。中国古人认为,人要顺应统一的规律,和自然一致、和谐。在原始的巫术活动中,人企图用自己的情感感染自然、影响自然,希望"老天爷慈悲"。人们愿意顺应天命,从不抵抗天的旨意;既不甘做奴隶,也不想当主人。中国古代人从来没有把自然的"天"视为有独特能力的对手。人与自然是一种顺应与融合的关系。中国强调"天人合一",当时的人们非常注重天与人之间的相互融合和协调。这种人与自然合一、物我不分的观念,直接导致了中国人综合思维的特征,考虑问题往往从整体和大局出发,中国人强调人际之间的和谐。中国人的自然观是中国产生集体主义价值观的重要根源。

(三)道德观念差异

1. 平等与奉献

(1)西方的平等观念

西方的道德观念深受西方人文主义的影响。西方的人文主义是指那些发扬纯粹属于人和人性的品质的一种途径。在西方哲学史上,普罗泰格拉(Protagoras)第一次把人作为研究对象,强调了人的主体地位和能动作用,开创了西方人文主义的哲学思想。文艺复兴时期的"人的发现",是对古希腊时就已经存在的人的一种意识的唤醒,强调、发挥古希腊、古罗马典籍中关于人性、人的价值、人生幸福的思想。启蒙运动时期西方人文主义由贵族转向平民、由王权转向人权,更加明确地强调个人能量的解放和释放促使无限力量的形成。到了19世纪,人文主义认为,个人才能发挥促成的知识、财富、文明等方面的增长在物质和道德方面将人提高到前所未有的新高度。

人文主义倡导的自由、平等思想贯穿着中世纪以来的社会、政治、经济、文化等各个方面。西方的传统是崇尚法律,法律被认为是自由、平等、正义的象征。

(2)中国的奉献观念

中国很早就有了"利他主义"道德感,这一思想可以追溯至传统价值观的利义观。孔子在他的《论语·里仁》中指出,"君子喻于义,小人喻于利",这种利义观影响中国社会几千年。利他主义产生的是一种奉献精神,这种精神的特点是将他人利益凌驾于个人利益之上。历史发展至今,奉献依然是中国核心价值观的基本元素。所以,在中国,不乏具备奉献精神的人物,古有"先天下之忧而忧,后天下之乐而乐"的范仲淹,后有全心全意为人民服务的雷锋,今有感动中国的大学生志愿者徐本禹等。

2. 德与仁

(1)西方的"德"观念

在西方社会,智慧、勇敢、节制和正义一直都是人们崇尚和遵循的道德价值观念。西方的伟大思想家柏拉图(Plato)认为,正义是智慧、勇敢、节制三种美德的统一,同时正义这种美德是催生智慧、勇敢、节制这三种德性的前提。这一思想在柏拉图所著的《理想国》中有所体现,柏拉图从城邦正义、个人正义两个层面来阐述正义,他指出城邦正义就是城邦中的每一个人都只做自己的事情,个人正义则是指自己内心的各个部分不可相互干涉。正义还指人的智慧、勇敢和节制三种德性各司其职、和谐共处。正义使得人们安于自己在社会中的地位和职责,使得社会能够和谐有序地运行。

(2)中国的"仁"观念

在中国,仁和义是最为重要的道德价值观念,其中"仁"位于仁、义、礼、智、信的首位。孔子认为,"仁"作为儒家之道的根基,作为伦理主张和道德理念的"仁"和"温良恭俭让"等具体德行是不同的。孟子继承并发扬了孔子的思想,在《孟子·梁惠王上》中描述了他认为的理想社会,即"老吾老及人之老,幼吾幼及人之幼",这与孔子的思想是一脉相承的。可见,推己及人是儒家的一贯态度,这符合仁的真实情感。当然,"仁"只是抽象的道,它又具体化为人际交往的准则,即"仁者爱人""己所不欲,勿施于人""己欲立而立人,已欲达而达人"等。而且儒家认为"仁"是后天获得的,具体的修身程序为"学礼—约之以礼—自觉地循礼行事—存养仁"。但是,"仁"的实现并不意味着修身的终止,对"仁"的追求就如同对真理的追求,永无止境。

(四)教育观念差异

1. 西方求真

西方哲学强调对真理的追求,认为自然的目的在于探求真理,以便指导自己去改变自然、征服自然。无论是古希腊哲人赫拉克利特、柏拉图,还是亚里士多德,都主张认识的根本目标在于发现真理,智慧就在于认识真理,并把能认识真理视为人的最高追求。人们眼中的中世纪代表着愚昧、荒诞,虽然如此,那时候的人们仍然大肆宣扬着对真理的追求。圣·奥古斯丁就认为,在真理面前,心灵和理性都要让步,人人都想要获得幸福,但是途径只有一条,那就是获得真理,并且认识了真理便认识了永恒。但是,要发现真理还需要运用科学的手段,因此培根创造出了通过实验与理性来发现真理的科学方法。同样,笛卡尔也强调,追求真理要运用正确的方法,至于什么是正确的方法,还要深入研究。对于真、善、美的向往,是人类的共有特性。但是,西方文化是先求真,再求善,真优于善。例如,古希腊早期哲学只涉及真,而未涉及善。后来,道德问题在哲学中地位有所提高,但仍然是存在于真理的基础上。一直到近代,西方文化一直遵从这种真高于善、善基于真的格局,由此我们可以说西方文化为认识文化。

2. 中国求善

在某种意义上,可以说中国文化是一种伦理文化。这是因为在中国古代文化中,认识、求真往往与伦理、求善结合在一起,并且前者附属于后者。《论语》作为儒学的经典,就是以伦理为核心的,然后延伸至政治等方面。孔子甚至将"中庸"看成美德之至。孟子也是在其"性善"说基础上建立其"仁政"和"良知、良能"学说的。孟子认为,认识的先天能力(良知、良能)源于性善。"诚"的中心内容是善;"思诚"的中心内容是"明乎善"。唯有思诚、尽性,才能解除对良知、良能的遮蔽,获取充分的知识和智慧。显然,善高于真而衍生真。宋明理学作为儒学的新阶段,已吸收综合了道、佛的某些重要思想,但其基本构架仍是伦理思想统驭认识论,如"格物致知"的认识论就在伦理学的控制范围之内。理学的认识论完全被伦理学兼并了。

在中国古代,社会的价值观表现为文化政治化、道德化,在乎社会秩序和人际关系的礼仪,并认为这是"正道"。当时的人生理想被宣扬为读经书、考科举、进入仕途,因此许多知识分子争先恐后地追求仕宦前程,都在研究怎么度过人生、怎么安邦治国才算是最好的选择,而对与此没有直接关联的学问非常漠视。这种趋势在汉代以后表现得更加明显,重义轻利,重人伦轻自然,重政治轻技术。甚至儒家思想还将理性思辨和科学分析置于日常生活、伦常感情和政治观念中,使科学理论伦理化、政治化。而道家的文化是一种朴素的文化,他们推崇原始的、蛮荒的世界,普遍蔑视科学技术。这种情况在封建社会的后期变得更加严重,十分不利于科学技术的发展。人们都想通过宦官仕途而成为人上人,劳动者因为没有文化而不能把技术抽象为科学,而有文化的知识分子实际上就是封建官僚的后备军,又不屑于具体的科技。这就造成了"主流学问"与实用知识的脱节以及劳动实践与知识创造的割裂,所有这些实际上已经成为科技进步道路上的一个巨大的绊脚石。

总体而言,基于文化领域,中西思维模式和价值观有着显著的差异,这些差异体现着中西文化的特点,折射着中西民族的历史文化、风俗习惯等。了解中西思维模式和价值观的差异,可以避免在跨文化交际中产生误解,确保跨文化交际准确、有效地进行。

(五)思维模式差异

1. 曲线思维与直线思维

西方人的思维呈现直线式。在表达思想时往往是直截了当,在一开始就点明主题,然后再依次叙述具体情节和背景。这种思维方式对语言也产生着重要的影响,即英语为前重心语言,在句子开头说明话语的主要信息,或者将重要信息和新信息放在句子前面,头短尾长。例如,"It is dangerous to drive through this area."该句子以 it is dangerous 开始,点明主题,突出了重点。

中国人的思维方式呈现曲线式。在表达思想和观点时常迂回前进,将做出的判断或者推论以总结的形式放在句子最末尾。这种思维方式在语言中的反映是,汉语先细节后结果,由假设到推论,由事实到结论,基本遵循"先旧后新,先轻后重"的原则。例如,同样是"It is dangerous to drive through this area."这句话,汉语表达则是:"驾车经过这一地区,真是太危险了。"从该例中既能感受到中国的曲线思维,又能了解中西思维的差异。

2. 分析性思维与整体性思维

西方倾向于分析性思维。对事物进行分析时,既包括原因和结果分析,又包括对事物之间关系的分析。17 世纪以后,西方分析事物的角度主要是因果关系。恩格斯特别强调了认识自然界的条件和前提,他认为只有把自然界进行结构的分解,使其更加细化,然后对各种各样的解剖形态进行研究,才能深刻地认识自然界。西方人的分析性思维就从这里开始萌芽,这种思维方式将世界上的人与自然、主体与客体、精神与物质、思维与存在等事物放在相反的位置,以彰显二者之间的差异。这种分析性思维包含两个层面:一是分开探析的思维,既把一个整体的事物分解为各个不同的要素,使这些要素相互独立,然后对各个不同的独立的要素进行本质属性的探索,从而为解释整体事物及各个要素之间的因果关系提供依据。二是以完整而非孤立、变化而非静止、相对而非绝对的辩证观点去分析复杂的世界。马克思主义哲学大力提倡这种思维层次。

中国人倾向整体性思维。在最早的生成阶段,宇宙呈现出阴阳混而为一、天地未分的混沌状态,即太极。太极动而生阳,静而生阴,在动静交替中产生出阴、阳来。阴阳相互对立、相互转化。事物总是在阴阳交替变化的过程之中求得生存、发展。从哲学的角度来看,阴和阳之间的关系是从对立走向统一的。这就体现了中国传统哲学的整体性特点,它不注重对事物的分类,而是更加重视整体之间的联系。我国儒家和道家也认为人与自然、个体与社会就是一个大的整体,二者是不能被强行分开的,必须相互协调地发展。儒家所大力提倡的中庸思想就发源于阴阳互依的整体思维。基于整体性思想,中国人总是习惯于首先从大的宏观角度初步了解、判断事物,而不习惯于从微观角度来把握事物的属性,因而得出的结论既不确定又无法验证。由此中国人逐渐养成了对任何事物不下极端结论的态度,只是采取非常折中、含糊不清的表达方式,在表述意见时较少使用直接外显的逻辑关系表征词。总而言之,中国人善于发现事物的对立,并从对立中把握统一,从统一中把握对立,求得整体的动态平衡。

3. 创新思维与保守思维

西方人的创新思维较强。他们的思想也具有鲜明的批判性,因此西方哲学在各个时期都有不同的理论体系。西方思维方式趋于多元化,注重多方向、多层次、多方法地寻求新的问题解决方案,重视追根穷源,具有发散性、开放性。西方人勇于打破常规。对西方人来讲,有变化,才有进步,才有未来,它们三者之间有着直接的关联。没有变化、进步,就没有未来。西方人的思维历来变化多端。翻开西方历史,显而易见的是标新立异的成功。正是这种创新的价值取向,使西方人生活在生机勃勃的氛围中。

中国人的保守思维较强。中国封建社会的一体化政治结构,决定了中国传统文化长期以来遵守"大一统"思想,要求个人和社会的信仰一致。这种"大一统"思想又通过儒家的"三纲五常""礼乐教化"来得到巩固。儒家倡导中庸之道,反对走极端,避免与众不同,主张适可而止。中国封建社会希望社会中所有的人,上至国君,下至百姓,都形成同样的价值取向和行为模式。在这种"大一统"文化的熏陶之下,中国人的思维方式相当保守,因而也具有很强的封闭性,缺乏怀疑、批判、开拓和创新的精神。但是,正是因为这种保守思想,中华文化才得以保存、延续和发展。

4. 逆向思维与顺向思维

西方人倾向于逆向思维。不同民族的人们在观察事物或解决问题时,会采用不同的视角和思维方向。西方人习惯采用逆向思维,通常从反面描述来实现预期效果。这种思维在语言上有着充分的体现,如在说"油漆未干"时,英语表达是 wet paint,在说"少儿不宜"时,英语表达是 adult only。

中国人倾向于顺向思维。这就是说,中国人习惯按照字面陈述其思想内容。这在语言中的体现十分明显,如"成功者敢于独立思考,敢于运用自己的知识"这句话就是按顺序表达,而且其意思可以按照字面意思理解。而这句话用英语表达时则是"Winners are not afraid to do their own thinking and to use their own knowledge."由此可以看出中西方思维方式的差异。

二、文化因素对商务英语翻译的具体影响

(一)环境文化因素

所谓环境文化,即所处地区的自然、社会环境所构成的文化,其主要体现在不同民族对于某一事物、某一现象所采用的言语形式的差异。

根据跨文化交际学的观点,对某些特定生长环境的喜爱会导致人们形成某种思维定式,很多人类学家也认为,一个国家的地理条件会对当地的文化产生重要影响,进而会影响到语言层面,而影响到语言必然会影响到翻译。例如:

夏练三伏,冬练三九

译文1:three fu, three nine.

译文2:In summer keep exercising during the hottest days; in winter do the same thing during the coldest weather.

上述汉语的意思是要求人们加强锻炼,这与汉民族的文化环境有着密切的关系。如果翻译成译文1,会让西方人不理解,但是译文2的翻译就很恰当,很容易让对方理解。

(二)风俗文化因素

所谓风俗文化,即在人们的生活与交往中形成的民族风俗习惯组成的文化。语言是从生活中来的,生活习俗在某种程度上对语言产生着重要作用。例如,蓝色在英语国家中代表"沉闷、沮丧",如果不考虑英汉语言的差异性,将"蓝天"牌台灯译为 Blue Sky Lamp,会使其销量产生巨大不利。

(三)历史文化因素

所谓历史文化,即由特定历史发展进程和社会遗产的沉淀而形成的文化。不同的历史渊源形成了各民族间不同的生活方式和性格气质,并反映在语言中,尤其是在一些历史典故中,对浓厚的民族色彩和鲜明文化个性的反映更为明显。

在商务英语翻译中,只有掌握丰富的历史文化内涵并采用恰当的翻译方法,才能更好地传译原文的风格和意图。例如,在我国文化中,诸葛亮是个家喻户晓的智慧象征,然而西方人对此并不一定了解。例如:

三个臭皮匠,赛过诸葛亮

Three cobblers with their wits combined equal Chuke Liang the,aster mind.

显然,对于汉语中的这句谚语,翻译时只有将直译法与增译法结合起来,才能便于读者理解与把握。

第二节 基于文化信息等值的商务英语翻译

著名学者加拿大翻译家让·德利尔教授这样指出,代码转译是为了确定词存在的一致关系,翻译的目的是求得信息等值。同时,他还指出语言等值、代码等值、翻译等值、意义等值等都是同义词。

这种翻译标准观对于商务英语翻译起着非常重要的作用。同时,在商务英语实践中,常常存在着扭曲文化信息的情况,译者有时候也无法察觉到。下面就来分析具体的不等值情况以及如何对文化信息加以调整。

一、文化差异引起的文化信息翻译不等值

据相关调查显示,全世界每年有超过 4 万种产品被推广到全球市场,其中 50% 以上被介绍到美国,但这些产品中的 85% 都以失败而告终。可见,

国际营销之路也是建立在广告战役的失败和错误营销之上的。究其主要原因,就在于跨文化交流的错误,很多是由于对文化差异的无知和忽视而致。因而,忽视文化差异的客观存在,实现翻译的等值也就无从谈起。具体有如下几方面的体现。

(一)源语中的指称对象在译语文化中根本不存在

目前,很多国际商务英语翻译工作者跟不上现代科技发展的步伐,对一些科技新词、新领域的词汇也一知半解,因而等值翻译也就无从谈起。尤其在医学领域最为明显。例如:

Sulvvit 永乐维它

Intralipid 英脱利匹特

Pedel 派达益儿

这些药品词汇,在我国医学界没有与之相对应的产品和相应的术语表达,因而只能采取音译法展开翻译,但显而易见,这些中文名拗口、缺失美感,而且没有译出产品的用途特点。

(二)源语文化在概念上有明确的实体,但译语中不存在

例如,英国一家公司 Hunt-Wesson 将新产品 Big John 推广到讲法语的加拿大,改成法语译名 Gros Jos,却使市场变得沉闷,后来发现这个短语在法语俚语中被意为"大乳房"。

(三)对于同一指称对象,源语与译语所选用的词语不同

源语和译语中同一个指称对象可能由字面意义不同的词语加以指称。例如:

干货

对这一点,英汉语言中都有,但是不能将其直译为 dry goods,因为这指代的是纺织品。在英语中,"干货"一般用 dried food and nuts 表达。

白酒

"白酒"在中西方文化中都存在,其对应表达并不是 white wine,因为这一词在西方指代的是葡萄酒,而应该改用 spirits 或 liquor 这样的词汇来表达。

二、商务英语翻译中的文化信息调整

由于不同民族之间存在着明显的差异,商务英语翻译工作者需要对这些差异有清晰的认识,这样便于他们采取恰当的策略展开翻译,实现文

化信息的灵活对等。那么,在商务英语翻译实践中,商务英语翻译工作者需要对比源语与译语之间的差异,从而就文化差异展开调整,具体可以从如下几点入手。

(一)原文的指称对象可能引起译语读者的误解

指称对象往往通过词语、句子或篇章反映客观世界。但由于不同文化环境的人对自然和社会的认识深浅程度不一,角度各异,因而不同语言间词语的指称并不完全一致,翻译时应注意避免对指称对象理解不到位而引起译语读者误解的情况。

(二)译语的"语义过载"让读者费解的现象

例如,"精神文明""三资企业"这类汉语词汇在英语中无对应词的"词汇空缺"的现象,其负载很重的文化内涵,翻译时应作相应的文化信息调整。并尽量减少语言间代码转换过程中文化信息的丢失,从而做到译文与原文相似。

第三节　跨文化交际视阈下商务英语翻译对译者的素质要求

商务英语翻译的复杂性对译者提出了高水平、高素质的要求。不同于文学文体的翻译,商务英语翻译作为实用文体翻译的一种,注重的是翻译的高度准确性和专业性,这就给商务英语的翻译带来了一定的难度。一般来说,一名合格的商务英语译者需要具备以下几种素质。

一、良好的政治素养

商务英语的翻译工作涉及国际间的贸易往来以及文化交流,这就要求译者必须具备良好的政治素养。商务文本中经常会出现如中国台湾、大陆、APEC等词汇,翻译这类词语时,译者首先要明确自己的立场,并选用恰当的译文准确地将原文含义表达出来。如翻译大陆时,应译为 the mainland of China 或是 China's mainland,不能将其译成 mainland China。再如,有人将 APEC members 译成"APEC 成员国",这显然是不合适的。以中国为例,中国是亚太经济组织(APEC)成员国,中国的香港和台湾地区也属于这一组织的成员,因此,APEC members 的正确翻译应为 APEC 国家和地区。

二、高度的职业责任感

无论做什么工作,职业责任感是其必备的素质之一,当然翻译人员也不例外,尤其是商务英语翻译人员,他们必须认识到自己的使命和责任,一丝不苟地对待自己的工作,谨记翻译是人与人沟通的工具和桥梁,因此在翻译时,不仅要对自己负责,也要对他人负责。

当前,国际之间的贸易如此频繁,很容易出现语言障碍,因此商务英语翻译工作者需要将这些障碍扫除,保证商务活动顺利开展。商务英语翻译工作者需要认识到这项工作的重要性,这样才能真正地将自己的责任感建立起来。

另外,商务英语文本一般具有法律效力,译者如果缺乏职业责任感,在翻译时,对于不熟悉的东西随意处理,得过且过,最终必将造成严重的后果。

三、扎实的语言功底

商务英语翻译虽然不像文学作品翻译一样注重语言的美感,讲究修辞手法的运用,但商务英语的翻译对语言准确性和专业性的要求很高,要做到译文用词上精确到位,句子通顺流畅,逻辑合理清晰,没有一定的语言功底是不行的。例如:

With all the downsizing, re-engineering, overwhelming technological changes and stress in the workplace, I think it is essential for each of us to find a way we can really feel good about ourselves and our jobs.

原译:面对裁员、重组、势不可挡的技术革新和工作压力,我认为最重要的是,我们每一个人要探寻对自己和对工作真正感到称心如意的途径。

改译:面对裁员、重组、势不可挡的技术革新和令人窒息的工作压力,最重要的是,我们每个人都能对自己和工作感觉良好。

原译照搬原文的句子结构,基本上是逐字逐句地翻译过来,虽然在语义上没有太大的问题,但译文明显不符合汉语的表达方式,过于啰唆拖沓,翻译腔太浓。改译恰当地调整了部分句子结构,使其在达意的基础上,做到了通顺流畅。

四、准确把握商务语境

一般来说,商务语境主要涉及两个层面。

第一,商务语言语境,即在商务英语中词与词之间的搭配问题。

第二,商务情景语境,即其涉及的文化语境问题。

在商务英语中,很多专业词汇的意义需要根据上下文来确定,这是因为很多专业的词汇存在着一词多义的情况,这些词所在的语境不同,它的意义必然存在差异。例如:

Whether it is called "re-engineering", "downsizing" or "delayering", the goals are the same: to eliminate tiers of middle managers in order to delegate responsibility to those actually running factories, designing products or dea-ling with customers.

原译:无论是称作"重组""缩减编制"还是叫作"经营延缓",目标都是一致的,即减少中间层管理者,从而将责任集中到那些真正操控生产、设计产品和负责营销的人员上去。

改译:无论是称作"重组""缩减编制"还是叫作"减层",目标都是一致的,即减少中间层管理者,从而将责任集中到那些真正操控生产、设计产品和负责营销的人员上去。

原文中 delayering 一词有"推迟,延迟"的词义,但联系该词在文中的语境,很明显此处将其译为"经营延缓"是犯了望文生义的错误,与原文语境格格不入。众所周知,企业内部结构通常被概念化为层级,这里的 delayering 是由 layering(分层,层次)加前缀 de-(减少……)构成,应该将其译为"减少层级"。

五、深入理解文化背景

翻译与文化有着密切的关系。就表层而言,商务英语翻译是语言与语言的转换,实际上其是文化与文化之间的转换。我国学者王佐良教授在论述文化与翻译的关系时这样说道:译者虽然是对个别词的处理,但是其所需要考虑的是两种文化。同样,商务英语翻译也是如此,其需要译者对文化背景有清楚的了解,尤其体现在广告、说明书等具体的翻译工作中。例如:

brown sugar 字面意思为"棕糖",汉译过来是"红糖"

Russia dressing 字面意思为"俄国酱",实际为"蛋黄酱"

India ink 字面意思是"印度墨水",实际是指"墨汁"

"亚洲四小龙"按字面意思翻译应为 four Asia dragon,译为英文则是 four Asia tiger

"月季"译成 American beauty,字面意思为美国丽人

"毛笔"译为 writing brush,字面意思是"书写刷子"

商品名称的翻译如果充分利用文化差异的优势、将商品的译入名与译语的文化相结合,通常能起到渲染商品正面形象、增添商品名称文化联想的效果。比如,Revlon化妆品的中文译名为"露华浓",这就使人联想到李白所作《清平调词三首》中的一句诗词:"云想衣裳花想容,春风拂槛露华浓。"这句诗词的大意是:云朵都想与杨贵妃的衣裳媲美,花儿也想与杨贵妃的容貌比妍,春风吹拂着栏杆,花上的露珠是那么浓盛。消费者看到"露华浓"这个牌子的化妆品,很自然地将其和杨贵妃的美貌联想在一起,侧面宣传化妆品的功效,称得上是商名翻译中的佳译。

六、较强的翻译能力

商务英语的翻译要求译者具备较强的翻译能力,即翻译技巧的应用能力。翻译技巧实际上就是"翻译经验和方法的提炼、总结和理论的升华,是翻译处理某些翻译过程中出现的问题的一般规律",具体体现在对原文透彻的理解,选词的精准以及流畅的语言表达等方面,当然这些技巧不是通过纸上谈兵就能掌握的,需要大量的实践和总结。

比如,现在英语学习界一直在强调阅读能力的重要性,认为阅读能力的提高有助于翻译能力的提高,但两者并非同步,有很多人学了很多年的英语,也阅读了不少英文书籍,但是连最基本的文章都翻译不好,可见,实践练习是提高翻译能力必不可少的一项工作。

翻译的练习注重"质"和"量"双方面要求。"质"指的是翻译练习的效果,我们建议译者选择安静的地点进行翻译练习,尽量避免受到他人的影响,在练习过程中要集中精神,做到一气呵成;"量"指的是每次翻译练习的时间和翻译练习的次数,俗话说"量变产生质变",只有通过大量的、持续的练习才能保证翻译能力的稳步提高。

第四章　跨文化交际视阈下的商务英语合同翻译

随着经济的迅猛发展,我国与世界交往更加紧密,所有的商务活动都离不开合同的签订。也就是说,商务英语合同在商务活动中起着非常重要的作用,其对交易双方的利益关系产生着重要的影响。要确保商务英语合同的有效,就需要展开翻译,由于英汉语言的差异性,对商务英语合同的翻译并不容易。本章就从商务英语合同的基础知识、语言特点以及翻译原则与策略入手展开分析。

第一节　商务英语合同简述

合同对贸易双方的权利与义务进行了规定,其对于商务活动意义巨大。可以说,商务活动之所以能够开展,就是以合同的制订作为前提。因此,在国际商务活动中,商务英语合同非常重要。本节首先简述一下商务英语合同的基础知识。

一、商务合同的定义

对于英语中的 contract 一词,其源自法语词 contractus,在法语中,其含义是"契约"。对于这一词,其定义如下:

A contract is a promise enforceable at law. The promise may be to do something or to refrain from doing something.

翻译过来就是:所谓合同,即具有法律约束力的承诺,其保证可以做某事或者不可以做某事。从法律上说,合同是平等主体的法人、自然人等之间建立的、变更的或者终止的民事权利与义务关系的协议。

在合同中,商务合同最为常见,是法人与法人之间为了实现某些明确的目的而建立的一种权利与义务结合的文体。具体来说,商务合同应该是双方为了实现某些特定目标,可能是商品买卖,可能是技术转让,可能是工程承包,可能是国际投资等,采用文字形式,对具体的权利与义务进行确立,对债务关系加以确立。在商务合同中,国际商务合同是最为复杂的,也可以称为涉外合同。就一般而言,其指的是某种包含两国与两国以上业务的合同。

商务合同具有信息功能和祈使功能。商务合同主要规定当事人的权利和义务,一方面对当事人进行保护,一方面又对当事人进行约束,规定当事人可以做什么,不可以做什么,所以,商务合同的功能主要在于提供信息。同时,合同要求当事人履行义务,所以又具有祈使功能。

二、商务合同的种类

商务合同按不同的分类标准可划分为不同的类型。比如,按时间划分:长期合同、中期合同和短期合同;按合同的形式划分:条款式合同、表格式合同;按合同内容划分:购销合同、建筑工程承包合同、加工承揽合同、货物运输合同、借用电合同、仓储保管合同、财产租赁合同、借贷合同、财产保险合同、旅游劳务合同、科技协作合同、出版合同等。

(一)销售合同

销售合同是平等主体的自然人、法人,其他组织之间设立、变更、终止民事权利义务关系的协议。掌握销售合同的写作,有利于更好地在商务领域中的生存与发展。

销售合同有正本(original)和副本(copy)之分。它通常包含三个部分:首部(head)、主体(body)和尾部(end)。

(1)首部
①合同名称
②合同编号
③签约日期
④买卖双方的名称、地址、联系方式
⑤序言
(2)主体
①货物名称及规格条款
②生产商/制造商名称
③货物品质条款
④数量条款
⑤单价条款

⑥总值条款

⑦包装条款

⑧运输标志/唛头

⑨装运条款

A. 装运口岸

B. 装运日期

C. 目的口岸

D. 离岸价格条款

E. 成本加运费价格条款

F. 装船通知

G. 装船单据

⑩支付条款

⑪保险条款

⑫检验及索赔条款

⑬不可抗力条款

⑭延期交货和惩罚条款

⑮仲裁条款

⑯附加条款

(3)尾部

①有效日期

②所遵守法律(也可根据国际规定)

③双方签名

④合同备注

(二)雇佣合同

找到一份理想的职位或聘任一个理想的员工并非易事,一旦谈好,就应该以书面的形式将聘任双方的职责、权益等规定解释清楚,得到法律的认可和保障,以免发生纠纷。雇佣合同就是为满足这个需要而产生的。

雇佣合同也有正本和副本之分。其首部、主体和尾部的构成分别如下。

(1)首部

①合同名称

②合同编号

③签约日期

④序言(雇佣关系)

(2)主体

①聘任关系缔结双方名称

②聘任期限

③受聘方工作任务细则条款

④聘方义务条款

⑤薪金支付条款

⑥福利条款

A. 保险

B. 医疗服务

C. 交通费用

⑦合同有效日期

⑧修改、终止合同条款

⑨仲裁条款

⑩附加条款

(3)尾部

①所遵守法律(也可根据国际规定)

②双方签名

③合同备注

(三)中外合作经营合同

中外合资经营企业合同是指外国公司、企业和其他经济组织和个人,按照平等互利的原则,在中华人民共和国境内,同中国的公司、企业或其他经济组织所签订的共同举办合营企业的合同。它一般由中外双方投资者经过谈判达成,一般包括以下内容。

(1)总则

(2)合作各方

(3)成立合作经营公司

(4)生产经营目的、范围和规模

(5)投资总额与注册资本

(6)合营各方的责任

(7)技术转让

(8)产品销售

(9)董事会

(10)经营管理机构

(11)设备购买

(12)筹备和建设

(13)劳动管理

(14)税务、财务、审计

(15)合营期限

(16)合营期满财产处理

(17)保险

(18)合同的修改、变更与终止

(19)违约责任

(20)不可抗力

(21)适用法律

(22)争议的解决

(23)合同文字

(24)合同生效及其他

第二节　商务英语合同的语言特点

商务英语作为一种法律性的文件,其集合了实用性、专业性等为一体,因此在语言方面,商务英语合同不仅涉及商务英语的特征,还会融合法律英语的特征。这就体现了商务英语合同的双重性。本节就来分析商务英语合同的语言特点。

一、词汇特点

合同英语的用词极其考究,具有特定性。具体体现在以下几个方面。

(一)多使用正式用语

合同英语有着严肃的风格,与其他英语文本有很大不同。现将一些常见的正式用语列举如表4-1所示。

表4-1　常见合同用语

合同用语	一般用语	汉语译文
approve,permit	allow	允许,批准
as from	from	自……日起

第四章　跨文化交际视阈下的商务英语合同翻译

续表

合同用语	一般用语	汉语译文
as per/ under/ subject to/in accordance with	according to	按照、根据
as regards,concerning,relating to	about	关于
assign/transfer	give	转让
authority	power	权力
by virtue of,due to	because of	因为
cease to do	stop to do	停止做
commence	begin	开始
construe	explain	解释
convene	have a meeting	召集会议
deem/consider	think/believe	认为
in effect	in fact	事实上
in lieu of	instead of	代替
intend to do/desire to do	want to do/wish to do	愿意做
interim	temporary	临时
miscellaneous	other matters/events	其他事项
obligation,liability	duty	责任,义务
pertaining to/in respect to	about	关于……
preside	chair,be in charge of	主持
prior to	before	在……之前
purchase,procure	buy	购买
require/request	ask	请求,申请
revise/rectify	correct	纠正,改正
said	above	上述
supplement	add	添加,增加
terminate/conclude	end	结束,终止
variation/alteration/modification	change	改变,变更

(二)多用专业术语

一般人会认为商务合同晦涩难懂,但是合同用词不以大众是否理解和接受为转移。这些专业术语的使用是合同语言准确表达的保障。下面列举一部分这类专业术语。

(1)"房屋出租"用 tenancy,而"财产出租"用 lease of property。

(2)"不动产转让"用 conveyance,而不用 transfer of real estate。

(3)还款或专利申请的"宽限期"用 grace。

(4)"合同任何一方当事人不得转让本合同"英文表述为"Neither party hereto may assign this contract."其中 hereto 表示 to the contract,很少选用 neither party to the contract。

(三)并列使用同义词和近义词

出于严谨考虑,商务合同允许同义词和近义词的重复出现,用 and 或 or 把两个或多个短语并列起来是合同用语的一大特色。例如:

Party A acknowledges and agrees that the technology it will receive from Party B during the term of this Contract shall be kept secret and confidential.

甲方承认并同意在合同期内由乙方提供的技术应属秘密。

(四)使用 may, shall, must, may not(shall not)

在商务英语中,上面几个词的含义分别解释如下。

may,对当事人的权利进行约定,即可以做什么的问题。

shall,对当事人的义务进行约定,即应该做什么的问题。

must,对当事人的义务进行强制,即必须做什么的问题。

may not(shall not),对当事人的义务进行禁止,即不可以做什么的问题。

需要注意的是,may do 不能说成 can do,shall do 不能说成 should do 或 ought to do,may not do 在美国一些法律文件可以用 shall not,但绝不能用 can not do 或 must not。例如,在约定解决争议的途径时,可以说:

The date of registration of the cooperative venture company shall be the date of the establishment of the board of directors of the cooperative venture company.

合资公司注册登记之日,为董事会正式成立之日。

(五)借用外来词

商务合同属于法律英语的一类,因此它也会有法律英语的一些特点,如沿用外来语。在商务合同中,比较常见的是拉丁语和法语。例如:

词汇	来源	含义
pro rate tax rate	拉丁语	比例税率
pro bono lawyer	拉丁语	从事慈善性服务的律师
agent ad litem	拉丁语	委托代理人
force majeure	法语	不可抗力

二、句法特点

(一)频繁使用套语

作为一种正式文件,商务英语合同在表达上势必会运用一些固定的模式,长久下来,这些模式就成为约定俗成的表达与套话。常见的套语具体包含如下几点:

if and to the extent
如果……及在……范围内
Beyond the control of...
超出……的控制范围/是……无法控制的
Including but without limiting...
包括但不限于……

(二)主动语态表责任

为了突出责任人,当谈及当事人的义务时,常常使用主动语态,这样使得责任和权利的划分更加明显。例如:

Party A shall bear all expenses for advertising and publicity.
甲方应承担所有广告和发布支出。

(三)多用陈述句

为了保证商务英语语言表达的客观与真实,将贸易双方的责任、义务都能阐释清晰。在签订商务英语合同的时候,往往会运用陈述句。例如:

The Employer may require the Contractor to replace forthwith any of its authorized representatives who is incompetent.

雇方可以要求承包商立刻更换其不合格的授权代表。

(四)多用条件句

商务合同中会涉及大量条件句,因为双方享有的权利和要履行的义务都要满足一定的前提条件。这些条件句常用 if, in the event of, in case (of), should, provided (that), subject to, unless otherwise 等连接词引导。例如:

In case the Contract terminates prematurely, the Contract Appendices shall likewise terminate.

如果本合同提前终止,则合同附件也随之终止。

第三节 跨文化交际视阈下商务英语合同翻译的原则

在商务活动中,商务英语合同的翻译非常重要。因此,为了避免出现贸易中不必要的损失,造成双方冲突,商务英语合同的翻译者就需要具备一定的翻译素质,采用恰当的翻译原则展开翻译,具体来说需要遵循如下几点。

一、严谨原则

商务合同的专业性和兼容性,要求译者在翻译合同时,必须要把"严谨"放在首位。尤其是合同中的法律术语和关键词语的翻译,比如,accept 在一般情况下译为"接受""认可",但在涉外合同中,这个词要译成"承诺",相应的 acceptor 和 acceptee 就要分别译成"承诺人"和"接受承诺人"了。再比如,net income 可译成"净收入",而 net profit 则应译成"纯利润",而不是"净利润"。再请看下面的例子:

The Contractor shall be responsible for the true and proper setting-out of the Works in relation to original points, lines and levels of reference given by the Engineer in writing and for the correctness, subject as above mentioned, of the position, levels, dimensions and alignment of all parts of the Works and for the provision of all necessary instruments, appliances and labor in connection therewith.

承包商应负责按工程师书面提交的有关点、线和水平面的原始参数如实准确地进行工程放线,且如上所述,负责校准工程各部分的方位、水平面、尺寸和定线,并负责提供一切必要的相关仪器、装置和劳动力。

这个例子中,原文true and proper是近义词重复,中译文为了准确传达原文的语气,也使用了近义词重复,即"如实准确"。另外,该例子中的原文有些技术方面的术语,如point, line, level, dimension, alignment等,译文也在汉语中找到了相应的术语"点""线""水平面""尺寸"和"定线"。

二、通顺原则

通顺是对译文的基本要求。尽管商务合同的条款往往比较繁复,但是译者在翻译时应首先弄清全文的条理,对各条款的制约关系须仔细琢磨,吃透其实质含义。在不影响原文的条件下,应尽量使译文明确清楚、通顺易懂,长句、复杂句的翻译更是如此。例如:

If the goods are proven defective within the guarantee period stipulated in Article 15 for any reason, including latent defect or use of unsuitable materials, the Buyer shall arrange for a survey to be carried out by the General Administration and have the right to claim against the Seller on the strength of specification certificate.

根据第15条的规定:在保证期内如果发现货物有缺陷——包括隐性缺陷或使用了不合格材料——不论其系何种原因造成,购方可请总局进行调查,并有权根据检验证书的内容提出索赔。

三、正确性原则

英文合同中被动语态用得非常频繁,那么在译成中文时,往往要转换成主动语态;相反,中文合同中在译成英文时,就要转换成英语的被动语态。被动语态中不表现出动作的发出者是谁,所以使语气显得客观,符合合同文体的特点。例如:

If any terms and conditions to this Contract are breached and the breach is not corrected by any party within 15 days after a written notice thereof is given by the other party, then the non-breaching party shah have the option to terminate this Contract by giving written notice thereof to the breaching party.

如果一方违背本合同的任何条款,并且在另一方发出书面通知后15日内不予以补救,守约方有权选择向违约方书面通知终止本合同。

上面例句将被动语态转换成了汉语的主动语态,使表达符合汉语的表达习惯。同理,在将中文合同翻译成英文时,又要考虑到这一特点,转变成被动语态能使表达符合英文的措辞习惯。

四、完整性原则

商务合同的翻译一定要保持译文的完整性,绝不能只求保持原文与译文在词量上的对等,还要注意细节,特别是时间、数量等的细节。例如:

从4月1日起到10月20日止这一期间内交货,但以买方信用证在3月20前到达卖方为限。

Shipment during the period beginning on April 1 and ending on Oct. 20, both dates inclusive, subject to Buyer's Letter of Credit reaching Seller on and before Mar. 20.

译文中增译了both dates inclusive和before前面的on,这是因为译者本着负责任的态度,做到了译文的完整,因为可以看出,交货期限是包括4月1日和10月20日的,而买方信用证到达日期也应包括3月20日,所以译者添上了有关字眼,完整地传达了原文的信息。尤其在中译英时要注意在英文中使用双介词界定时间,因为合同涉及双方的利益,在日期界定方面要注意使用英文双介词,即在英译文中包含当天日期,这样显得严谨。

Payment: By irrevocable L/C at sight to reach the sellers 30 days before the time of shipment. The L/C shall be valid for negotiation in China until the 15th day after the date of shipment.

译文1:付款:不可撤销的即期信用证装船前30天开到卖方,装船后第15天前信用证在中国议付有效。

译文2:支付:买方应当在装船前30天将不可撤销的即期信用证开到卖方。信用证在中国议付的有效期至装船后的第15天。

通过比较可以看出,译文1不够严密,因为第15天前可理解为不包括第15天,而根据until的意思,应该包括第15天,所以考虑到表达的严密性,译文2保持了原文意思的完整,照顾到了细节。

第四节 跨文化交际视阈下商务英语合同翻译的策略

如前所述,商务英语合同具有商务英语与法律英语的特点,并且受文化差异的影响,导致商务英语合同的翻译非常复杂与困难。对于译者来说,商务英语合同的翻译不仅需要他们明确语言的正确性,还需要把握具体的原则与策略。上面已经对原则进行了探讨,这里主要分析具体的翻译策略。

一、句子的翻译策略

(一)一般句子的翻译方法

在商务英语合同的句子翻译中经常用到转换翻译。转换翻译法指的是将句子中的主语、宾语等进行词性的转换,使其更加符合译文的表达习惯。例如:

Partial shipments shall be allowed upon presentation of the clean set of shipping document.

可以允许分批发货,但须提出一套清洁的装运单据。

原文中的主语 shipment 在译文中转换动词,原文中修饰主语的 partial 转化为状语。

(二)从句的翻译方法

1. 分译法

用分译法进行翻译时,可以重复先行词,也可用"该""其"等字来表示省译的内容。例如:

The Seller ensures that all the equipment listed in Appendix one to the Contract are brand-new products whose performance shall be in conformity with the Contract and which are manufactured according to current Chinese National Standards or Manufacturer's Standard.

卖方保证本合同附件所列全部设备都是新产品,是根据现行的中国国家标准或生产厂的标准制造的,其性能符合合同规定。

2. 合译法

在定语从句中限定词与先行词之间的关系非常密切,因此翻译时,经常采用合译法进行翻译。例如:

Party B guarantees that the technical documents to be supplied by Party B are the latest technical information which has been put into practical use by Party B.

乙方保证所提供的技术资料是乙方经过实际使用的最新技术资料。

二、被动语态的翻译策略

(一)转化译法

转化译法指的是将句子中的宾语、主语以及动作的发出者进行转译。例如:

All the payments shall be made in the U. S. Currency by the Buyer to the Seller by telegraphic transfer to the Seller's designated account with the Bank of China, Beijing, China.

买方应以美元支付卖方货款,并以电汇的方式汇至卖方指定的在中国银行北京分行的账户。

(二)固定译法

"It is + p. p. + that clause"结构以及一些特殊句式的翻译已经成为一种固定的模式。例如:

It is strictly understood that the number of employees to be trained by the Contractor at any one time shall no more than(...).

严格明确承包商任何时候所训练的雇工人数不得超过(……)人。

第五章 跨文化交际视阈下的商务英语说明书翻译

随着经济的不断发展与进步,各国的产品在世界上广泛流通,为了获得更大的利益,推动产品走向世界,对商品说明书的翻译也十分必要。以往对于商品说明书翻译的研究主要在理论与原则上,很少从跨文化交际的视角展开分析。由于英汉语言的差异性,从跨文化因素的视角入手分析商务英语说明书翻译显得非常必要。基于此,本章首先分析商务英语说明书的基础知识与语言特点,进而分析跨文化交际视阈下商务英语说明书翻译的原则与策略。

第一节 商务英语说明书简述

商品说明书有不同的叫法,也可称为产品说明书、产品说明、说明书等。英文有 instruction,manual,specification,direction 等。

概括来讲,商品说明书就是生产企业向公众和用户介绍、宣传其产品的说明性材料或文书。商品说明书带有很强的宣传性,具有很高的使用频率,是一种常见的说明类实用文体。

一、商务英语说明书的形式

在商务英语中,常见的说明书有以下四种形式。

(一)手册式说明书

这类说明书主要是运用手册的形式,为客户提供页数不等的文字说明,可能是几页,可能是几十页等。有的手册中还会穿插图片与照片,对与商品相关的信息进行详细的介绍。例如,许多家电商品的说明书(电视机、洗衣机、冰箱、空调)就是一本手册。

（二）标签式说明书

这类说明书是直接附在商品或者商品包装上的纸或者由特殊材料制成的标签。其中服装上的标签显得更为典型，上面标示服装的名称、面料等内容。

（三）插页式说明书

这类说明书指的是在商品中会添加一页纸，其中对商品的相关信息进行描述。例如，药品说明书就是采用这种形式附加在盒子中，上面包含药品的名称、适用病症、使用剂量、使用副作用等。

（四）印在包装上的说明书

有些商品的说明文字直接印在其外包装（包装盒、包装罐、包装瓶）上。例如，许多食品和饮料的说明书形式就是如此，其中包括商品名称、成分、净重、商标、贮存及保质期等。

二、商务英语说明书的结构

一般来说，商品说明书包含两部分：标题与正文，但如果是较为复杂的商品说明书，可以印刷成书本或者折子的形式，因此其中包含的内容也更为丰富。这类说明书主要出现在电子产品或者成套设备中，并且被人们所认可。

（一）封面

一般有"说明书"字样和厂名，有的还印有商标、规格型号，商品标准名称和图样，如要增强顾客的印象，还可配有商品彩照、图样、表格。封面的标题，要求鲜明醒目。

（二）前言

前言的形式有的采用书信式，而更多的是采用概述式的短文。

（三）标题

对一位客户来说，即使说明书无标题，他也会认真地阅读正文的。因此，有的商品说明书中没有标题。当然，这不等于说产品说明书的标题不重要。因为从宣传效果来看，说明书的标题作用仍很重要，它起着引导的作用。

(四)正文

这是商品说明书的主要部分。一般是对商品的性能、规格、使用和注意事项进行具体的说明。例如,电子产品的说明书通常包括产品的特征、性能、规格(技术指标)、操作程序以及注意事项等。医药用品的说明书一般包括成分、主治、用法及用量、注意事项、禁忌及副作用等。有些产品甚至还包括包装、净重、体积等。因而,说明书的正文究竟包含哪几部分,应根据不同产品的具体情况来确定。

(五)封底

为方便用户联系,一般封底上注明厂址、含国家地区代号的电话号码、电报挂号等。

第二节 商务英语说明书的语言特点

商务英语说明书主要是介绍某类商品,从而将这类商品更好地传递给消费者,让消费者产生购买欲望。因此,在语言上,商务英语说明书有着自身的特点。

一、词汇特点

商品说明书必然涉及商品,是商品经济发展的结果。商品说明书中包含了科技与广告的特征,用于为消费者传递信息,做好宣传的目的。商品说明书在用词上有其自身的特征。

(一)运用缩略词

商品说明书在介绍不同的商品时会涉及一些特定的缩略语,这些缩略语简单易记。例如:

IC—(integrated circuit)集成电路
CAD—Computer Aided Design(计算机辅助设计)
TB—Tuberculosis(肺结核)

(二)通俗易懂

商品说明书应使用标准且通俗易懂的词汇,使消费者一看就明白。因为商品说明书主要是面向消费者,而消费者本身的文化等层面存在差异性,并且他们受到的教育程度也必然不同。这就要求商品说明书在用词上应该避免晦涩,应该让读者容易理解。具体来说,在商务英语说明书中,往往会使用通俗的词汇,这样便于不同的消费者获取商品信息,吸引他们的购买欲望。例如:

每天一杯"挺立"牌玉米粥能满足您每天对钙的需要量。

A cup of "Tingli" corn porridge can meet your need of calcium each day.

上述说明书用词非常简单,可谓通俗易懂。

(三)专业性强

商务英语说明书是一种非常专业的商务文体形式,因此在用词上也凸显专业性。随着不断的发展,商务英语说明书形成了自身相对稳定的词汇。例如,在一份药品说明书中,其中包含了名称、成分、剂量、适用症、注意事项等术语。这些术语对于普通的消费者而言是不熟悉、不了解的,但也是必需的。例如:

Seniovita is proven basic preparation in cases of atherosclerotic and degenerative organic diseases associated with old age.

经证实,心脑灵为治疗老年动脉粥样性硬化和老年器官退化性疾病之基本治疗用药。

上述句子中,preparation 这个单词平时的理解是"准备",而在上例中则指"制剂"或"治疗用药"。再如英文药品说明书中表示"失眠""胸闷""神经衰弱"时都会采用相应的技术术语,分别为 insomnia, strangulation 和 neurasthenia,而不用 sleeplessness, stuffy chest 和 weak nerve。

(四)普通词汇专业化

商品说明书中有一部分词汇虽然在英语中早已存在,但在特定的领域里意义变得不同。而且这些词汇通常是常用词汇,所以译者不能望文生义,必须准确地理解该词汇在具体领域和上下文中的意思。例如:

angel(天使)可转义为"雷达反响"

base(基础)在化学中转义为"碱",在医学中转义为"主药"

在一款油漆的说明书中出现了三个很常见的单词 finish, film 和 drum, 虽然是以前很熟悉的词汇,但是它们的意思发生了改变,在此意思分别为:finish——末道漆;film——薄膜;drum——鼓状物,指形状或结构上像鼓的东西,尤指桶状金属容器或缠满电缆、电线或粗绳的金属圆柱。

（五）运用合成词

在商品说明书中，有大量的词语是利用已有单词，通过词缀法和拼缀法合成而构成的新词。例如：

comsat(communication＋satellite) 通信卫星
macroinstruction(macro＋instruction) 宏指令
colorimeter(color＋meter) 色度计
dew-point(dew＋point) 露点
hot press(hot＋press) 热压

二、句法特点

商品说明书讲究言简意赅，避免繁杂冗长。这些文体特征不仅反映在用词上，在句法构造上更能体现这一特征。

（一）大量使用祈使句

在商务英语说明书中，会大量使用祈使句，其用于表达命令、请求、建议、警告等内容。具体来说，商务英语说明书中的祈使句非常简单，能够将主要信息凸显出来，体现出叮嘱、指示等功能，使消费者能够快速捕捉信息，明白什么能做、什么不能做，也会在使用中多加注意等。例如：

Directions: Remove cap. Spray it on the surface of the object and wipe with clean paper towel or dry cloth.

使用方法：拧开瓶嘴，将本品（保洁丽）喷于需要清洁的物件上，然后用清洁的纸巾或干布抹拭。

（二）多用一般现在时

商务英语说明书是为了给消费者提供信息，因此其具有明显的信息性，这样便于将商品的特色、原理等展现给消费者。在时态的运用上，一般采用一般现在时态。例如：

Eye Contact eye shadow applies smoothly and even with the new velvety formula, provides an unforgettable look with eye-opening colors and lightweight feel.

明媚的色彩，上妆柔滑细腻，令美目顾盼生辉。

(三)大量使用条件句

在商务英语说明书中,会大量使用条件句,因为在具体的使用中,消费者会遇到各种各样的问题。运用条件句,可以让消费者对一些情况进行假定。便于消费者找出解决办法。例如:

If you answer "no" to this message, you are prompted to terminate the Auto Install.

如果对该提示输入了 no,就要终止自动安装程序。

If you want to interrupt recording, you should press Pause.

如果要停止录音,请按 Pause 键。

三、语篇特点

商品说明书根据其介绍的商品不同,语篇长短也不同,一般而言,商品说明书的语篇都相对简短,长篇大论的说明书不利于消费者快速了解商品的功能和操作程序。因此,商品说明书的语篇有以下特点。

(1)交际角色。在交际角色方面,说明书注重信息的传递,在对商品的优、特点宣传方面大做文章,相当重视其劝说功能,通过人称指示词的大量使用,拉近与读者的心理距离,从而更利于商品的销售。

(2)维护商品权威。无论是中文的商品说明书还是英文的商品说明书,都注重商品的权威性昭示,如"专利商品""……指定(推荐)商品"。

(3)注重环保。说明书都很重视保护环境,有的渲染商品的环保特性,有的商品在废弃处理环节上突出环保措施。

第三节 跨文化交际视阈下商务英语说明书翻译的原则

商品说明书的翻译主要是为了让目的语读者了解该商品,在翻译时应该尽可能使用客观的语言,忠实准确地传达出相关商品的性能、用途以及注意事项等。如果说明书的内容技术性较强,如涉及商品的技术参数和规格等,应该查阅相应的词典或参考书,或向专业人士请教,切忌不要望文生义,生编滥造。与此同时,语言的通俗易懂,语句的条理通顺也不可忽视。归纳起来,商品说明书的翻译原则有以下几个方面。

第五章 跨文化交际视阈下的商务英语说明书翻译

一、准确性原则

不同的商品说明书所阐明的信息各不相同,有的是关于食品的,有的是关于药品的,有的是关于化妆品的,但不管哪种说明书,其阐述的内容直接关系到用户的安全和利益,所以在翻译时首先应该做到客观真实,使目的语读者获得相关商品的真实信息,从而能够安全顺利地使用该商品。例如:

Adults: usually 2 tablets daily, morning and noon. In severe cases the morning dose may be increased to 2 tablets. Elderly patients: 1 tablet in the morning. In case of insomnia or severe restlessness, additional treatment with a sedative in the acute phase is recommended.

成人:通常每天两片,早晨及中午各1片。严重病例早晨的剂量可加至2片。老年病人:通常每天1片,早晨口服。对失眠或严重不安的病例,建议在急性期加服镇静剂。

上述例子中,对药品的说明必须客观真实,如此才能让目的语读者放心购买和使用。此外,准确是对商品说明书用语的另外一个基本要求。在翻译时,一词一句都必须经过认真推敲,译文要内涵清晰,外延明确,不能有歧义,更不能使用"大概""可能""估计"等模糊词语,同时语句要符合目标语的语法与逻辑。

二、等效性原则

等效性原则是指译文不一定非要跟原文一样,但是其意思要与原文保持一致,虽然表述不一样,但要表达的内容应是一致的。这是因为中西方的文化不同,思维模式也不同,导致了对词语的选择、句法的偏好、表达方式的选择都有区别,因此,在翻译时要在理解原文的基础上,结合译文受众的喜好选择合适的语句进行翻译。例如:

All-day deodorant and wetness protection. Keeps underarms dry and odor-free. Glides on smoothly. Dries quickly. Non-stinging. Non-sticky. Won't stain clothing.

雅芳走珠止汗香露(山茶花香 Camellia)。配方特别温和,适合各类肤质,独特的清香,令身体24小时保持干爽清新。

这是雅芳走珠止汗香露瓶体上的功能说明部分。译文流畅、有美感,虽然不是跟原文一一对应着来翻译的,但对产品的功能介绍的效果是一样的。如果译文翻译完全忠实于原文,将 deodorant 和 odor-free 译为"除臭"、

underarm 译为"腋窝"等,除了会使译文的美感消失,甚至会引起爱美女士的反感。所以,译文作者采用视角转换法,变换角度来描述,使语言表达更加委婉,有效避免生硬直译会带来的负面联想,更好地传递原文的信息和使用效果。

三、专业性原则

不同的商品都有其独特性,有些特点过于专业化,而广大的消费者并不熟悉,这时需要采用通俗易懂的语言来解释说明其独特之处。例如:

New NIVEA body Firming Lotion with double CoEnzyme Power twofold action for firmer skin.

The advanced formula replenishes the natural level of CoEnzyme Q10 and supplies the skin with CoEnzyme R.

Significantly improves the skin's elasticity.

Noticeablely strengthens the skin's structure.

Additionally intensive moisturizers leaves your skin feeling smooth and supple.

辅酶 Q10 和辅酶 R 是肌肤自身含有的天然成分,随着年龄的增长,辅酶 Q10 和辅酶 R 的含量会下降,造成肌肤失去弹性,变得松弛。全新配方的妮维雅紧肤精华露(升级版),能有效补充辅酶 Q10 和辅酶 R。辅酶 Q1O 作用于肌肤深层,为细胞提供原动力,补充肌肤细胞活动所需动力,能明显由内而外强化细胞功能,增强肌肤弹性,防止肌肤衰老。

辅酶 R 作用于肌肤表层,有效促进肌肤的自我更新,由外而内巩固肌肤的天然构造,平滑肌肤细纹,使肌肤更紧致光滑。辅酶 Q10 和辅酶 R 共同作用,能预防并减缓"橘皮"现象,有效减少肥胖纹、运动纹和妊娠纹。保湿修护微粒 Liposomes 和多种深层滋养成分,使肌肤持久保湿,提供长时间的滋润效果。质地细腻,易于被肌肤吸收。

妮维雅紧肤精华露(升级版)完美的双重功效,让肌肤变得更紧致,更年轻!

在这份说明书中,虽然可以看出辅酶 Q10 和辅酶 R 是妮维雅系列化妆品区别于其他品牌突出的特点。但是像译者这样如此详细地介绍辅酶 Q1O 和辅酶 R 的作用,让人感觉更像是辅酶 Q10 和辅酶 R 的说明书。这样的翻译显然是不够完美的。经过修改,可以这样呈现:

辅酶 Q10 和辅酶 R 是肌肤自身含有的天然成分,随着年龄的增长,辅酶 Q10 和辅酶 R 的含量会下降,造成肌肤失去弹性,变得松弛。全新配方的妮维雅紧肤精华露(升级版),能有效补充辅酶 Q10 和辅酶 R。坚持使用,辅酶 Q10 和辅酶 R 双管齐下,使您肌肤变得更紧致,更年轻。

经过修改,上述化妆品说明书在忠实于原文的基础之上,又很好地体现了产品的专业性这一特点。

第四节　跨文化交际视阈下商务英语说明书翻译的策略

商品说明书按类型可以分为药品说明书、化妆品说明书、食品说明书、家用电器说明书等。根据翻译的目的性原则,翻译的过程应以译文在译语文化中实现其预期功能为标准。在翻译时应该有针对性地采取相应的翻译方法,以下将介绍常见的四类商品说明书的翻译方法。

一、家电说明书的翻译

根据家电业的专业特点,一般来说,它通常由"特别功能""零件说明""操作要领""注意事项"与"保养方法"几大部分组成。这一类说明书的翻译尤其需要译者具备一定的专业知识,因为家电说明书不仅要供消费者使用,还供专业技术人员使用。例如,在 DVD 机的翻译中,译者必须要知道视频信号线(Video Cord)、音频信号线(Audio Cord)、数码声显(Digital Indicator)、转换插头(Conversion Plug)、遥控器(Remote Control)、轨道声显(Track Indicator)等术语。

家用电器说明书的翻译应坚持内容与形式的统一。译者在翻译时首先应该特别注意正确使用术语,另外要注意勤查词典,必须弄清其基本词义,然后按其所属学科领域进一步确定其专业性译语,以最终达到语言表达地道的目的。通常而言,在翻译时需注意以下几个方面。

(1)使用大量的无人称句。

在商务英语说明书中,无人称句使用得非常多,因为这类句子可以让消费者明确这些说明书是为自己准备的,用于介绍产品的,给人一种亲切之感,从而也拉近了商品生产者与消费者之间的距离。例如:

The back cover should be removed only by qualified service personnel.

后盖应该仅有资格的服务人员打开。

(2)条理清晰,逻辑性强。

在家电说明书中,这一特点在操作上与安装上体现得尤为明显。因为无论是操作还是安装,其着重于对行为过程的描述,先后都会叙事,一个步骤与另外一个步骤属于承接关系还是并列关系,这些都需要表达清楚,否则会让读者不理解,很难进行明确的说明。例如:

A higher refresh rate results in a more stable picture. You can change the refresh rate in the control panel for the video card. This can be found via Settings, Control Panel and then Display.

较高的刷新速率可产生更稳定的影像,您可以在控制台中变更像卡的刷新速率,可以在"设定""控制台""显示器"中选择。

(3)多用图示演示操作。解释成分构造用图示代替语言使整个说明书显得简洁,是说明书的一个重要特点。

二、化妆品说明书的翻译

化妆品说明书的语言往往会凸显商业价值与独特的艺术技巧,为了保证译文具有感染力与表现力,在对化妆品说明书展开翻译时,必须保证地道性与准确性,同时也要将美感凸显出来。

在翻译时,化妆品说明书常采用对等译法展开翻译,对等的范畴是非常广泛的,主要体现在如下几个层面。

(1)功能对等。根据彼得·纽马克(Peter Newmark)对语言功能的分类,化妆品说明书译文和原文的功能应基本相同,即都应具有信息功能、美学功能和祈使功能。

AVON TRUE COLOR EYESHADOW DUO

Smoother application and silkier feel thanks to our exclusive self-liquefying technology that responds to the warmth of your skin to make colors come alive. Coordinated shades are beautifully blendable. Made with ultra-fine "milled" powder. No dusting or ceasing.

雅芳色彩双色眼影

色泽持久的双色眼影,色彩更智慧时尚。粉质更细腻服帖。缓释技术:源源不断缓释智能感温粒子。感应肌肤温度,释放鲜活色泽。喷射研磨技术:粉质细腻、均匀服帖、质地如丝缎般轻盈舒适。

上例中,为了实现功能对等,译文不可避免要有所增词和减词,或者改变原文形式。例如,smoother application 译文增加"粉质",而 application 省略不译。译文改变原文长句的形式,改译为汉语的数个短句,很好地再现了原文的信息功能、美感功能和祈使功能。

(2)情感对等。化妆品都有其所针对的消费层次和销售对象。高、中、低档化妆品分别对应各个消费层次的消费者,同时化妆品还区分消费者的性别。翻译时应根据产生情感的主体不同,采取情感差异化翻译方法,译文需要尽量与其所面对的消费群体相结合。例如:

Designed to restructure and protect the hair fiber. The hair regains strength, shine and is revitalized. Neofibrine: a unique combination of Bio-Mimetic Ceramide, shine perfecting agent and a UV filter for hair.

专为严重受损发质设计的修护洗发水,含神经酰胺,可使头发重获健康亮泽与活力,并可帮助抵御紫外线对头发的伤害。

这是欧莱雅专业洗护系列深层修护洗发水的说明。该洗发水针对的消费群体是年轻女性,通过"健康""亮泽""活力"和"抵御紫外线"等词汇,说明了产品功效,很容易使喜欢烫发的年轻女性产生购买欲望。

三、药品说明书的翻译

英文药品说明书是科技英语的一个变体,属于专门用途英语(English for Special Purposes)的范畴,其语言结构比较简单,在翻译时要根据其词汇和语法的特殊性来选择合适的翻译方法。

(一)药品词汇的翻译

1. 缩略词

在药品说明书中缩略词也是大量使用的。英文药品中的缩写词在译成中文时要写出其全称,以免产生误解或表述不清。例如:

fev(fever) 发烧

ml(milliter) 毫升

kg(kilogram) 千克

mg(milligram) 毫克

mcg(microgram) 微克

approx(approximate) 大致,大约

ABPC(amipicillin) 氯苄青霉素

缩略词的使用可以让英文说明书更加简短明了,但部分缩略词很容易造成误解。正确理解和翻译缩略词,应根据语境进行判断分析,勤查字典,必要时应当咨询专业人士。

2. 大词、长词、生僻词

在英语中,药品的说明书往往比较晦涩,因为其中使用了大量的长词、大词等,这些词都大多来自希腊文、拉丁文。对这些词进行翻译时,关键在于对于药品名称的翻译要准确。

一般来说,药品名称的翻译方式可以是音译,可以是意译,也可能是音意结合等。但是不管采用何种方式,都应该保证简单、科学与明确性,一般不会用到代号形式,因为很容易让人误解。例如:

Foliacid 叶酸

Elcatonin 依降钙素

Ouinoione 喹诺酮

Augmentin 沃可孟汀

Ketoconaczole 酮康唑

另外,许多药品名称具有相同的词首或词尾,这些药品名称所指的都是同类药物,在翻译时应保持一致。例如:

Cefo/cephal——头孢:cefotetan 头孢替坦,ceforanide 头孢雷特,cephalexin 头孢氨苄

-xacin——沙星:norfloxacin 诺氟沙星,ofloxacin 氧氟沙星

(二)药品句子的翻译

1. 祈使句和条件句

祈使句简单明了,能突出主要信息,能体现"指示、叮嘱、告诫"的语义功能。另外,药品说明书常常要对药品使用的环境、条件、范围等做针对性或限定性说明,所以在剂量和用法及注意事项条目中,经常要用到条件状语从句。祈使句和条件句在翻译时要根据其语序采取灵活的方法,同时要符合目的语的表达习惯。例如:

Do not give Benemid to children under two years of age.

两岁以下儿童不得服用丙磺舒。

Should super-infections occur, appropriate measures should be taken as indicated by the clinical situation.

万一发生重复感染,应按照临床情况采取相应的措施治疗。

2. 一般现在时态和现在完成时态

药品说明书所提供的信息必须具有真实性与客观性,这样在说明书的

内容中就需要使用一般现在时态,如果提到的是过去的事情或者过去的情况,也多用现在完成时态来表达,而很少使用一般过去时态,在翻译时应该注意。例如:

Absorption following intramuscular injection is rapid, blood levels being maintained for four hours with a peak after one hour.

肌肉注射后吸收迅速,血药浓度可维持四个小时,并于注射后一小时达到高峰。

第六章 跨文化交际视阈下的商务英语信函翻译研究

随着世界贸易的兴起,商务活动愈加频繁,而商务英语信函也成为沟通不同国家商业活动的桥梁,其对于推进商务贸易、实现合作共赢有着重要作用。因此,译者必须具备基本的商务英语信函翻译技能,以保证商务活动顺利开展。

第一节 商务英语信函简述

一、商务英语信函的构成要素

一封完整的商务英语信函,除了对语言有较高的要求以外,正确的格式也是不可或缺的。通常,商务英语信函会包括以下13个部分。

(1)信头(The Letter Head):一般包括公司名称、地址、电话和传真号
(2)案号和日期(The Reference and Date)
(3)封内地址(The Inside Address)
(4)收信人姓名(The Attention Line)
(5)称呼(The Salutation)
(6)事由(The Subject Line)
(7)信函正文(The Body of Letter)
(8)结束礼词(The Complimentary Close)
(9)签名(The Signature)
(10)拟稿人和打字员姓名首字母(Initials)
(11)附件(Enclosure)
(12)抄送(Carbon Copy Notation)
(13)附言(Postscript)

在上述13项中,(4)(6)(10)(11)(12)(13)项属于附加信息,如无必要,可以省略;其他项目,在正式交往的商业信函中是不能省略的。

二、商务英语信函的特点

商务英语信函的特点可以概括成三句话:内容清晰明了、措辞简明扼要、态度正式礼貌。

"内容清晰明了"就是指信的内容不能使人产生误解,不能有模棱两可的表达。否则,来往解释的功夫会造成时间的浪费。因此,我们在草拟函电的时候,可以将最重要的事情放在最开始来说。

"措辞简明扼要"指的是行文要突出重点,最好能够做到"一事一段"。但需要指出的是,简明扼要并不一定指信写得越短越好。比如,需要在同一封信中同时说清楚促销、订单和付款条件等几个问题的时候,简明这一要求就可以做出调整。切记,简明不等于简化。

"态度正式礼貌"要求我们要站在"贸易伙伴(trade partner)"的立场上看问题,而不是以自我为中心。及时地答复对方的来信,以礼貌的态度处理贸易中的一些分歧和争端。

三、商务英语信函的格式

一封商务英语信函主要包括:信头(Letter head)、日期(Date)、信内地址(Inside Address)、称呼(Salutation)、信函正文(Body)、结束语(Complimentary Close)和签名(Signature title)。具体位置如下。

```
                    Letter head(信头)
                       Date(日期)

Inside address(信内地址)

Salutation(称呼)
                       Body(正文)




Complimentary Close(礼貌结束语)
Signed name(签名)
Signature(署名)
Title/Position(职务)
```

下面来具体介绍其中几个部分的内容。

(一)信头

信头是写信人所在公司的名称和基本的联系方式,通常包括公司全称、地址、电话、传真号、电传号、公司网站、电子邮箱等。这部分信息总是印在公司或机构信笺上的,有的公司信笺上还印上公司标志、图标或商标,并简单说明公司的性质和经营业务。下面的例子是信头的排列形式。

EASTERN TEXTILES IMP. & EXP. CO. ,LTD.

13478 Chunhua Road,Wuhan,Hubei,China

Tel:0411- ******** Fax:0411- ********

Http://www. Wellson. net

E-mail:bcxbcx@142cn. com

(二)日期

日期的写法在英式英语与美式英语中是不同的。例如,2012 年 2 月 14 日,英式英语中是表示 14 February 2012,而在美式英语中是表示 February 14 2012。也就是说,英式英语中日期表达顺序是日、月、年;而美式英语中日期表达顺序是月、日、年。写日期时注意月份最好不要用数字表示,而用文字表示,否则不符合正式商业信函的规范。例如,使用计算机上的日期表达方式,应采用日、月、年的顺序,因为英美人日期表达不一样,容易造成误解。

(三)信内地址

日期与信内地址之间的留白取决于信函的长短,在长度一般的信中建议空两行。信内地址的内容应与信封上的姓名和地址相同。信内地址包括收信人姓名全称、职务(如有)、收信人公司全称、公司所在办公楼名称、地址、城镇名、邮政编码、国名。封内地址应在左边顶格写。

(四)称呼

英美企业在称呼使用上有一定区别,主要分两种情况:已知或未知收信人姓名。另外,还要注意对女性的称呼,注意在 Gentlemen 和 Ladies 前不能用 Dear。Dear 在商业信函称呼中的意思是"尊敬的"而非"亲爱的",所以一般不能省略。信函通常不以这样的称呼开头:"Dear Mr. John"(在 Mr. 后应加姓)或者"Dear Mr. John Smith"(Mr. 后加名和姓)。英国人在称呼后习惯用逗号,而美国人则用冒号。在现代商务英语信函中,称呼后多不用任何标点符号。

(五)结束语

结束语是信函客套语,说明写信人圆满地结束了信息的说明,一般不能省略。要注意的是,在礼貌结束语中只有第一个词的首字母需要大写;结束语中应用 Yours 而不是 Your;faithfully,truly,sincerely 等副词不要漏写 -ly;结束语中不用 truthfully。礼貌结束语中使用的词语一般应和信函开头的称呼相配。

称呼语举例:

```
Madam/Dear Sir(s)(BRE)对公司
Gentlemen/Dear Sirs(AME)对公司
Dear Sir 对男士,并且不知对方姓名
Dear Madam 对女士,并且不知对方姓名
Dear Mr. Green 对男士
Dear Ms. Green 对女士
Dear Mrs. Green 对已婚女士
Dear Miss. Green 对未婚女士
Dear Jerry 对朋友或比较熟悉的人
```

结束语与称呼语的对应关系:

```
Dear Sir/Madam        Yours faithfully/Faithfully yours
Gentlemen/Ladies      Yours very truly/Very truly yours
                      您的忠诚的

Dear Mr. /Ms. /Mrs. /Miss. Green    Yours sincerely 谨上,谨致
                                    Kind regards,etc.(U.K.)

Dear John   Best regards,etc.(U.S.)你的诚挚的;谨启
            Best wishes 最良好的祝愿
```

(六)签名

签名在商务英语信函中由写信人手签、打印姓名和职务名称构成。职务名称之后有时还打印上写信人所在的部门名称。商务信件的署名部分一般以平头式排列,每行行首应对齐。整个署名部分应在礼貌结束语下面,隔开两行。手签姓名是一种人性化的风格,使读信人倍感亲切,如见其人,尤其是公司地位较高的人(如经理或总裁),通常是由他们的秘书打印信件,加上亲笔签名,就会给收信人留下受到重视的良好印象。第一次写信时,写信人最好能在签名时用括号注明性别,如"Wang Min(Ms)",这样就可以避免外国客商对写信人性别产生误解以及称呼不当引起的尴尬。

下面是一封完整的商务英语信函。

1117 The High Road
Austin,TX 78703
6 June,2012——信头
MR. David Patricks
3005 West 29th Suite 130
Waco,TX 77663——信内地址
Our Ref:RI0606——文档号
Attention:International Trade Manager——收函方主办人
Dear Mr. Patricks,——称呼
Subject:Heating Registers' Location——事由标题

I received your June 6th letter requesting consultation and am providing my recommendation in the following.

First, let me review my understanding of your inquiry. The question you raise revolves around whether the heating registers should be located in a low sidewall, or in the ceiling, and if ceiling registers are used, which type—step-down or stamped-faced—will deliver the best results. Additionally, the problem concerns whether there is any benefit to having heating registers near the floor, whether moving heated air "down" in ducts negatively affects blower performance, and whether adequate injection that can be achieved on the low speed of a two-stage furnace.

My recommendations are as follows:

• I can find nothing in either Carder, Trane, or ASHRAE design manuals that indicates drop as being a factor in duct design any different from normal static losses. If you have different information on this, I would like to have references to it.

- I cannot see any advantage to low sidewall application. The problem is injection and pattern. I do see an advantage to low sidewall return; Carrier Design Manual—Air Distribution is a good reference on both items.
- I recommend step-down diffusers with OBD because they have pattern and volume control that is superior to stamped-faced diffusers.
- I am opposed to low sidewall diffusers or floor diffusers in the application you describe. The increased static losses that result from trying to get the ducts down through the walls will only increase installation cost and reduce efficiency. If there is anyone in your organization who is uncomfortable with these recommendations, let me know. I'd be very interested in reviewing any actual documented test results. Let me know if you have any further questions or if I can be of any further assistance.

——以上为正文
Sincerely——结束语
******* ——签名
Jane A. McMurry ——打印姓名
Engineering Manager ——职务
HVAC Consultants, Inc. ——公司名称
JAM / dmc——发信人及打信人姓名缩写
Encl. ;invoice for consulting services ——附件
C. C. Executive Manager of HVAC Consultants, Inc. ——抄送

第二节　商务英语信函的语言特点

一、商务英语信函的词汇特点

商务英语信函一般比较正式,用词讲究,信函既要体现正式规范的格式文体,又要讲究委婉、客气。商务英语信函的文本特点通常被概括为"5C原则"(Five C's Principles),即 Correctness(准确),Clarity(清楚),Conciseness(简洁),Completeness(完整),Courtesy(礼貌),或概括为"7C原则"(Seven C's Principles),即 Correctness(准确),Clarity(清楚),Conciseness(简洁),Completeness(完整),Courtesy(礼貌),Concreteness(具体),Consideration(体谅)。此外,商务英语信函会随着通信双方关系的变化而变化。例如,初次打交道所写信函一般比较正式,用词格外礼貌。随着交往的加深,彼此双方比较熟悉,信函的语言会变得较为随意。具体来说,商务英语信函具有以下几点特征。

(一)选词具有公文性质

商务英语信函是正式的、公文性质的函件,因此在文体、遣词造句方面要比普通信函讲究,用词往往正式、严谨、规范、朴素、准确,如 here/there＋prep. 构成的复合词——hereafter, hereby, herein, hereof, herewith, thereafter, therein 等。

(二)用词客套、委婉、礼貌

在商务贸易中,每笔业务的达成,与贸易双方的密切合作有着很大的关系。因此,在商务活动中应使用客套、委婉、礼貌的措辞。例如,在传递令人满意的信息时,措辞用语也要讲究客气;提供令对方不满意的信息或向对方表示不满时,更需注意措辞用语的客气、委婉;收到对方的询盘(inquiry)、报盘(offer)、还盘(counter-offer)或订货(order)等,不管能否接受,都要以礼貌的语言表示诚挚的谢意等。信函中最好还要有表示问候的结语,常见的有正式的结语问候,如 Yours very truly, Very truly yours, Respectfully yours(特别用于地位尊崇的收信人)等;亲切的结语问候,如 Sincerely, Sincerely yours, Very sincerely yours, Cordially, Cordially yours, Very Cordially yours 等;轻松的结语问候,如 Best wishes, Cheers, Warmest regards, See you in Phoenix。具体可以看下列例子。

We welcome your inquiry of Aug 10th and thank you for your interest in our products.

欢迎您 8 月 10 日的咨询,感谢您对我们的产品感兴趣。

Please accept my many apologies for the trouble caused to you by the error.

这一错误给您增添了许多麻烦,我深表歉意。

We are in receipt with thanks of your L/C opened through China Construction Bank for 290 air conditioners.

贵方通过中国建设银行开具的购买 290 台空调的信用证收悉,不胜感激。

Referring to your letter of May 20th, we have arranged for an early delivery of your Order No. F129.

第六章　跨文化交际视阈下的商务英语信函翻译研究

根据贵方 5 月 20 日的来函，我方已安排了贵方 F-129 号订单提早发货。

We are glad to know your name and address on the Internet.

我们很荣幸地从国际互联网上获悉您的名称和地址。

Looking forward to your favorable/positive reply.

静候佳音。

Your compliance with our request will be highly appreciated.

承蒙同意，不胜感激。

We enclose a check for RMB 70,000 in payment of all commissions due to you.

随函附上支票一张，金额为人民币 70 000 元，支付给你方的佣金。

(三) 正式、规范

一方面，商务英语信函用词需要简单易懂；另一方面，由于商务活动涉及双方的利益，因此为了保证合作双方的利益，在选词时需要做到天衣无缝。正式词汇更能确保商务文书的准确性、严谨性，并增加文本的慎重感，所以正式词语在商务英语信函中的使用频率非常高。例如：

ask 可以用 request 代替

end 可以用 expiry 代替

prove 可以用 certify 代替

like 可以用 along the lines of 或 in the nature of 代替

before 可以用 prior to 或 previous to 代替

(四) 专业化

专业化即商务英语信函中使用了丰富的专业术语。所谓专业术语，是指适用于不同学科领域或专业的词汇，其具有明显的文体色彩和丰富的外延、内涵，是用来正确表达科学概念的词。商务往来中少不了商务英语信函尤其是大量专业术语的使用。

在商务英语信函中，有些术语普通词汇在商务英语信函中的专用。例如，All Risk 在保险领域应理解为"一切险"，而不是普通英语中的"所有危险"。再如，At Sight 在国际贸易支付英语中的意思是"见票即付"，并非普通英语中"看见"的意思。在商务英语信函中，还有些词汇是仅仅用在商务活动中的，这些专业词汇在普通英语中基本不会使用。需要指出的是，专业术语与行话并不是同一个概念。专业术语属于正式用语，而行话在非正式用语中经常使用。例如：

know-how 专业技术
cargo interests 各货方
layout design 广告布局设计
commodity 期货
absolute liability 绝对法律责任
import quota 进口配额

(五)尽量简化

商务活动讲究务实高效,而缩略语化繁为简、快速便捷的特点使其在商务表达中十分受欢迎。所谓缩略语,就是人们在长期的国际商务实践中,约定俗成、演变而确定下来的词汇。商务英语信函中的缩略语大致有四种,即首字母缩略语、首字母拼音词、拼缀词以及截短词。例如:

CSM← corn,soya,milk 玉米、黄豆混合奶粉
CAD← Computer-Aided Design 计算机辅助设计
medicare← medical＋care 医疗服务
trig←trigonometry 三角学
flu←influenza 流行性感冒
taxi←taximeter cab 出租车

二、商务英语信函的句法特点

(一)提高客观性

为了减少主观色彩,提高论述的客观性、公正性和可信度。因此,被动句在商务英语信函中的使用频率较高。被动语态是语法范畴中的概念,用在商务英语信函中可以起到好的作用。被动语态更多展示的是客观事实,具有说服力,强调核心内容,减少人物作为主语所带来的主观色彩。在商务活动中突出商务内容,增加可信度和文体的规范性。因此,为了语言表达的客观性、逻辑性、严密性,商务英语信函中应多使用被动语态。例如:

The pattern of prices is usually set by competition, with leadership often assumed by the most efficient competitors.

价格构成通常由竞争决定,并由效率最高的竞争者来担任主导角色。

(二)增强准确性

虽然在商务活动中人们比较喜欢用简洁的语言来交流,但为了防止出

第六章 跨文化交际视阈下的商务英语信函翻译研究

现歧义,引起不必要的纠纷,人们需要清晰地表达出来所要说的是什么,这就导致商务英语信函中经常出现句义完整、严密的复杂句。当然,商务英语信函中的复杂句并不是啰唆冗长,而是必要的表达方式,它可以使要表达的概念和内容更加的清晰明了,使行文更加严谨。例如:

We may accept deferred payment when the quantity to be ordered is over 3,000 sets.

如果拟订购的数量超过3000套,我们可以接受延期付款。

三、商务英语信函的表达特点

商务英语信函以书面形式在传递和交换商业信息的同时还体现出一个企业或公司的"门面"和专业形象,因此商务英语信函的规范性和得体性相当重要。同时,随着商务活动的发展,人们越来越崇尚使用那些简洁、自然、通俗易懂而又不失礼节的商务英语信函,那些古板的老套用词已不符合时代发展的要求。

(一)清楚

这里的清楚指的是表达的信息、内容要清楚,要使收信人明白信息的意图。所以,在商务英语信函中清楚地表达十分重要,否则即使信函的语言正确、文明有礼,仍难以使收信人明白。

请看下面例子。

Dear Mr. Wilson

Thank you for your telephone call.

I have arranged for you to have a meeting with Susan Lander and a separate meeting with Diana Dell in the 16th November. You can meet her at 11 a.m. Unfortunately, she cannot go to lunch with you as they have to attend a sales conference.

With best wishes

上述是确认商业面谈的信函,却使收信人很费解,因为写信者在信中使用的代词并不一致,一会用her,一会用she和they,到底是谁并没说明,使

得信息表达得很不清楚。而且,在信的最后也没有署名。

(二)简洁

商务英语信函的文字、语句等表达一定要简洁,但前提是保证信函的礼貌和完整。信函要突出中心和重点,不要绕圈子。所以,商务英语信函一定要使用一些简洁明了的句子和词汇,避免使用那些重复、陈旧的句子和词汇。例如:

(1) accompany—go with

accomplish—do/finish

accordingly—so

accumulate—gather

accurate—correct, exact, right

modify—change

not later than—by

with reference to—about

advice/notify—tell

be forced to—have to

purchase—buy

solicit—ask

assist—help

(2) in your favor—for you

due to the fact that—because

for the purpose of—for

in an effort to—to

in the course of—during, in, when

with/in regard to—about, regarding

prior to—before

上述例子中,(1)说明一些过时的、生僻的词汇可以用简单的、常用的词汇来代替。(2)说明重复、烦琐的用语可以用简洁的表达来代替。

(三)完整

信函中所陈述的信息、数据等事实必须完整,这样才能使收信人做出相应的回应或迅速采取行动。如果信息不完整,就会导致收信人在读信后不能及时做出判断,这样既费时又费力,还会增加商务成本。

第六章 跨文化交际视阈下的商务英语信函翻译研究

来看下面例子。

Dear Ms. Brown

I am writing to cancel my order.
Please can you cancel my order because I do not need the things any more.

Yours faithfully

以上是为取消订单而写的信函,其中就缺少一些必要的信息。上述信函没有一个标题。写信人在信中说要取消合同,但未说明合同编号。取消订单的理由也没有在信中具体说明。写信人向收信人传递的是一个不好的消息,写信人的口吻却有些轻描淡写。而且,在信的最后也没有署名。

(四)正确

正确指信函的拼音、语法、标点等应准确无误,这是商务英语信函的基本要求。在注意语法、拼音等正确的同时,要注意使用合适的语体风格,这也是商务英语信函正确的一个体现。例如:

Group A

(1) I am in receipt of your letter dated 16 March.

(2) Thank you for your letter dated 16 March.

(3) Thanks for your letter of 16 March.

Group B

(1) I would appreciate it if you could tell me when the goods will arrive.

(2) Could you please tell me when the goods will arrive?

(3) When do you think the goods will get here?

以上两组内的句子表达的意思相同,只是正式程度不同,从正式到非正式,程度依次降低。这说明,在不同的情况下要使用与之相适应的表达方式,如果在应使用正式的语体时,而使用了非正式的语体,则很容易使收信者产生误会,反之亦然。

(五)具体

在信函中传递的信息一定要具体、生动、形象,要有针对性地提出细节,切忌含糊、抽象的表达。试比较下列两组例子中的句子。

Group A

(1) The need for creative waste management solutions is increasing each year.

(2) With solid waste increasing at over 14% each year. The need for creative waste management solutions has becoming urgent.

Group B

(1) Mandy Jones had questions about the proposal.

(2) Mandy Jones had three questions about the proposal.

上述两组中的第二个句子与第一个句子相比较,增加了具体的数据,这使得收信人能更详细地了解信函的内容。

(六)礼貌

在商务活动中,礼貌得体、具有亲和力和人情味的商务英语信函对于建立和维系与客户的关系是十分重要的。因此,商务英语信函一定要注意措辞和语气的使用。例如:

Group A

(1) I want you to send me the correct size of the dress. (curt demand)

(2) Would you please send me the correct size of the dress. (more polite)

Group B

(1) Do you think you could possibly send me the right order this time? (sarcastic)

(2) Would you please replace the order with the one we want? (more polite)

比较上述每组中的两个句子可以看出,(1)例句以讽刺、唐突和无礼的口吻提出要求是很不礼貌的。(2)例句语气委婉、温和,显得有礼貌得多。

(七)避免以自我为中心

商务英语信函应避免以自我为中心,应从对方的角度出发,站在对方的立场上考虑问题。如果信函是写给某个收信人的,应使其感到他/她受到了极大的重视,这对建立双方良好关系十分有利。必要时,可在信中提及收信人的姓名,这样会使对方感受到得到了特别对待。试比较下面两个例子。

第六章 跨文化交际视阈下的商务英语信函翻译研究

> We have received your request for permission to use our computers during the next session for summer school. We are pleased to inform you that you may use all 15 of the laptop computers your requested. Would you please come in and fill out the necessary paperwork any time before May?

> Good news, Jessica! All 15 of the laptop computers you requested will be available for use during the next session of summer school. Please come by the office before May 1 to fill out the necessary forms.

以上两封信有着相同的内容,却有着截然不同的风格。第一封信是以自我为中心的,而第二封信是以对方为中心,显然后者给人的感觉更为亲切。

(八)直接传递"好消息",间接传递"坏消息"

商务英语信函中所传递的消息并非全都是好消息,传递坏消息的情况也很多,因此对于这两种消息要以不同的方式传递。好消息或者是平常的信息通常以直接的方式表达。当必须对某一请求说"不"时或必须要表达一则令人失望的"坏消息"的时候,以间接方式表达是非常有效的。

请看下面实例。

传递"好消息":

> Dear Mr. Williams
>
> Further to our telephone discussion Thursday, I am delighted to tell you that we are now able to reduce the price of our Sony series PSP by 10%. This is due to the recent rise in euro.
>
> We look forward to receiving your order. If you need any further information, please let me know.
>
> Sincerely,
>
> Jim Hutton
> Sales Rep

传递"坏消息":

> Dear Miss. Liu
>
> Thank you for taking the time and meet us regarding the sales manager position. We were impressed with your background and experience.
>
> However, we are unable to offer you a position at this time. With your impressive credentials, I'm certain that you'll find the perfect job soon. I wish you much success in your endevours.
>
> Sincerely,
>
> Mandy Lin
> Chief of personnel department

(九)富有人情味

商务英语信函虽然不像其他文体那样随意,但富有人情味的写信风格仍能引起对方强烈的好感,从而缩短与对方的距离。

我们通过比较下面两个例子来对此进行具体说明。

收到开证申请书:

> Dear Sir:
>
> We wish to acknowledge receipt of your credit application dated October 5 giving trade and bank reference, and we thank you for the same. Please be advised that credit accommodations are herewith extended as per your request and your order has been shipped.
>
> Hoping you will give us the opportunity of serving you again in the near future.
>
> Very truly yours,
>
> Sign

第六章　跨文化交际视阈下的商务英语信函翻译研究

回复收到证明：

Dear Sirs

Thank you for sending so promptly the trade and bank references we have asked for. I am so glad to say that your order has already been shipped on the terms you requested.

We hope you will give us the chance to serve you again.

Very truly yours,

Jane Austin

很明显可以看出，第一封信语气较为生硬、冷淡，采用的是中性的写作风格，而且还使用了很老套、陈旧的表达方式，如 acknowledge receipt of，hoping... we remain 等。第二封信比较口语化，富有人情味，表达也非常简洁，使收信人对传达的信息一目了然。

第三节　跨文化交际视阈下商务英语信函翻译的原则

商务英语信函是商家、企业将各自的商品、服务，甚至声誉向外推介的一种手段，也是互通商业信息、联系商务事宜及促进贸易关系的主要手段和媒介。从本质上来看，商务英语信函实际上是一种推销函，写信人总是在推销着某种东西，可以是一种商品、一项服务、一种经营理念，或者是公司的形象和声誉。因此，商家给客户的每一封信函、传真、电报或邮件，都显示着商家的实力和水平。同时，商家通过这种方式评估和了解自己的交易对象。

我国自加入世贸组织开始，外贸活动日趋频繁。在国际贸易中，由于贸易双方远隔重洋，不可能事无巨细面对面地进行磋商洽谈，因此商务英语信函在交易双方之间发挥着举足轻重的代言作用。怎样恰当、准确地翻译商务英语信函不仅关系到交易的成败得失，而且还会影响到商家在国际市场上的信誉和前途。严谨、贴切、达意的商务英语信函翻译能够帮助商家达到有效沟通的目的。

相反,如果商务英语信函的翻译出现谬误,势必导致双方的误解和疑虑,从而影响交易的顺利进行,甚至带来贸易纠纷和索赔申诉,也会阻碍商家对海外市场的进一步拓展。商务英语信函翻译是一项艰苦复杂而又精细的工作。要想准确、恰当地翻译各种商务英语信函,除了要具备一定的语言基础以外,还要了解相关领域的专业知识,如经济、外贸、法律等知识,并深入研究商务英语信函的构成要素及其语言特征。

一、礼貌原则

商务英语信函的首要任务就是营造友好气氛,解决问题,达成交易。因此,礼貌是行文必须遵守的原则。同样,在翻译商务英语信函的时候,我们也要时刻牢记"礼貌"二字,在译文中应该尽量选择恰当的词句将原文礼貌婉转的语气表现出来。例如:

Your early reply is highly appreciated.

承蒙早日回复,不胜感激。

译文中加上了原文没有的"承蒙"一词,既解决了被动语态变主动语态后句子不够通畅的问题,也很好地体现了礼貌原则。

We wish to draw your attention to the fact that as a special sign of encouragement, we shall consider accepting payment by D/P during this sales stage.

我们想提请贵方注意:为表示特殊鼓励,我们考虑在现行推销阶段接受付款交单。

此处将draw your attention翻译成"提请贵方注意",要比翻译成"提醒你们"或"引起你们的注意"显得礼貌得多。

Owing to the late arrival of the steamer on which we have booked space, we would appreciate your extending the shipment date and the validity date of the L/C to the end of April and May 15 respectively.

由于我们订舱的货轮迟到,如蒙贵方将装运日期和信用证的有效期分别延至4月末和5月15日,我们将感激不尽。

译文中使用的"如蒙"一词,给人的感觉十分谦恭、礼貌。

二、专业性原则

商务英语信函中存在大量的专业性词汇,即使是普通词汇,用在商务英语信函中,其含义也与普通词汇的含义有所不同。要将商务英语信函翻译得既专业又得当,要求我们必须掌握足够的经济、贸易、金融、法律、运输等领域的专业知识,并用地道的商业用语把它们表达出来,只有这样才能体现出原文的商业风格。例如:

Due to a serious shortage of shipping space, we cannot deliver these goods until October 10.

由于舱位严重不足,我们无法在10月10日之前发货。

上例中,shipping space 不了解的人可能会按字面意思把它翻译成"装运空间",但实际上这是海运业务中的一个专业术语,应该把它翻译成"舱位"。

As stipulated, insurance is to be covered by the sellers for 110% of the total invoice value against All Risks as per and subject to the relevant Ocean Marine Cargo Clause of the People's Insurance Company of China dated 1/1, 1981.

按规定,将由卖方按照发票总金额的110%投保全险,一切险以中国人民保险公司1981年1月1日的有关海洋运输货物的保险条款为准。

All Risks 保险术语,译为"综合险,全险"。

It has been our usual practice to do business with payment by D/P at sight instead of by L/C. We should, therefore, like you to accept D/P terms for this transaction and future ones.

我们的惯例是以即期付款交单而不是信用证方式支付货款。因此,本笔交易和今后各笔交易,我们希望贵方能接受付款交单的支付方式。

D/P at sight 和 L/C 是银行业务中的专业术语,只有了解了保险和银行业务方面的专业知识,我们才能把它们翻译成相应的专业术语。

三、简洁规范原则

商务英语信函中大量使用习惯用语和行业套话,在翻译商务英语信函时,我们也应该尽量使用正式、规范、准确的书面语言,使译文保持原文的风格。在此基础上,还要注意译文的简洁。例如:

We confirm having cabled you affirm offer subject to your reply reaching us by October 10.

译文(1):现确认已向贵方电发实盘,10月10日前复到有效。

译文(2):我们确认已经以电报的方式给你们发出了一项实盘,该实盘成立的条件就是你们的答复在10月10日之前到达我们这里。

很显然,译文(1)因为套用了一些正式的商业惯用语(如"电发""复到"),要比口语化的译文(2)来得正式、简练得多。

第四节 跨文化交际视阈下商务英语信函翻译的策略

一、商务英语信函翻译的策略

(一) 套用商贸英语知识

在进行商务英语信函翻译时,可以套用与商贸有关的英语知识,也就是学会用术语译术语、用行话译行话。在与国际贸易活动密切相关的商务英语信函中,包括大量的贸易术语、行话。它们又是信函中关键、重要的信息,对这些信息理解、翻译是否正确,关系到信函翻译的质量。要想准确地翻译这些商务英语信函,译者需具有一定的国际贸易知识,如果遇到不懂的,应借助专业词典或请教他人,不能想当然地随意乱译。尤其对于一些在普通英语中常出现的词语,在商务英语信函中翻译时需更加注意,因为其在商务贸易中的含义一般与普通英语中的含义有很大的区别。例如:

单词	普通英语含义	商务专业英语含义
Acceptance	接受	承兑
Collection	收集	托收
Margin	页边	利润,比较薄的利润

(二) 注意英汉格式的差异

在翻译商务英语信函时,还应注意英汉在格式上的差异,以免出现错误。具体来说,汉语信函作为一种历史悠久的沟通方式,在长期的使用中已形成自己独特固定的格式。在翻译时,应注意以下两个方面的内容。

(1) 跟英语信函相比,汉语信函多了信头、信内地址、正文中事由(Re:)等部分。在翻译时,为了保持原信的格式特点,应该把这些部分保留并置于原信的位置。但地址各层次的地名顺序应颠倒,不再从小到大而应从大到小,使其符合汉语习惯。

(2) 商业信函在长期的使用和翻译中,一些格式已形成一些约定俗成的译法,我们应熟记这些译法,以便在翻译时再现商务英语信函的文体特点。例如:

信内地址后的一栏的 Attention 应译为:"由……过目"。

称呼语 Dear sirs/Dear Madam/Sirs/Gentlemen，一般不译为"亲爱的先生或先生们"，而译为"执事先生/女士"或"敬启者"。这样能够表现出商务英语信函的正式、庄重特点。

正文前的"Re："Sub："一般不译为"关于："主题："，而译为"事由："。

信末的结束语"Yours sincerely/Yours faithfully"，一般不译为"你真诚的"，而译为"上/敬上"或复信时译为"……复，敬复"。

"Enc："一般译为"附件，附函"。

"P-s."译为"再启"。

以上是从宏观角度来阐述的商务英语信函的翻译方法。商务英语信函也有更加具体的翻译方法，经常采用的就是词类转译法。例如，动词、代词、形容词、副词等转译成名词，名词、形容词、介词等转译成动词。

二、商务英语信函翻译的实践

(一) 拒绝函的翻译

原文：

Dear Madam,

We have received your letter of Aug 20th requesting a delay in payment.

We regret to advise you that we are unable to accept your request and, to be honest; we are puzzled by your letter. More than one year has passed since the contract was signed, and you have had plenty of time arrange financing. Now you tell us that it will take some more time before you finalize the banking arrangements, which is surprising, to say the least. To conclude, we hope you will finalize the arrangement quickly and pay us in accordance with the contract.

Sincerely yours,

译文：

尊敬的女士：

我们已收到贵方8月20日要求延期支付货款的来信。

我们遗憾地通知贵方我们不能接受贵方的要求，老实讲，贵方的来信令我们迷惑。合同签署已一年有余，贵方应有充足的时间来筹措资金。现又说需要更多的时间才能办妥资金事宜，这至少可以说是令人吃惊的。最后，我们希望贵方迅速办妥有关事宜，按合同付款。

谨启

(二)答复函的翻译

原文：

Dear sirs,

We are delighted at the receipt of your letter of 20th Dec and note what you write.

We note with pleasure that you are sending us samples of imitation Fancy Earl Necklaces and Earrings, on receipt of which we shall examine same along with the price-list you have furnished us with, and if your designs are quite acceptable to our clients and prices competitive, we shall immediately pass on our orders.

We have also received Price-list of Toys, but we would say that we should like to have some latest designs, which have not yet come to our market, and if you call furnish us with such items, we shall be obliged if you will kindly let us have a couple of these, as our clients would like to see samples before placing their orders.

You can rest assured that we shall do our best to pass on our orders.

Yours faithfully,

Thomas

译文：

尊敬的先生：

12月20日的来信收悉。

欣闻贵公司寄来仿珠宝首饰、耳饰样品，谢谢。待收到这些样品后，我们将对照已收到的价格表进行研究。如果产品设计受顾客欢迎，价格又具竞争性，我们当立即订货。

我们还收到了玩具的报价，但希望是设计新颖、市场上前所未有的最新产品。如有该类产品，请寄样品两件，因顾客要求看样订货。

我们将尽心竭力促成这次生意，敬请放心。

托马斯谨上

第七章　跨文化交际视阈下的商务英语广告翻译研究

不管是在国内还是在国外,在商务活动中广告的作用是不可或缺的。当前社会,企业想要扩大自己品牌的影响力,一个十分有效的工具便是广告。通过广告,企业可以扩大产品的知名度,赢得更多消费者。为了有助于产品的国外推广,就需要重视对商务英语广告的翻译。为此,本章就来研究跨文化交际视阈下的商务英语广告的翻译。

第一节　商务英语广告简述

一、商务英语广告的定义、分类、要素

(一)定义

据考证,"广告"一词来源于拉丁文中的 advertere,意思是"唤起大众对某种事物的注意,并诱导于一定的方向所使用的一种手段"。目前,国内外学者对"广告"一词的解释各不相同,所以要为"广告"下一个确切的定义是很难的。

美国广告协会将广告定义为:广告是付费的大众传播,其最终目的是为传递信息,改变人们对于广告商品的态度,诱发其行动而使广告主得到利益。

《简明不列颠百科全书》关于广告的定义是:广告是传递信息的一种方式,其目的在于推销商品、劳务,影响舆论,博得政治支持,推进一种事业……

(二)分类

广告的种类很多,但从整体上可以归为两大类,即商业广告和非商业广

告。商业广告通常是由企业、公司等经济组织推出的以促销为目的的一种广告,而非商业广告则是由政府部门、宗教团体、慈善机构、个人等非盈利组织推行的公告、启示、求偶、寻人等广告。

按照地理分类,广告有国际广告、全国性广告、区域性广告和地方性广告;而按客户分类,则有消费者广告和企业广告;以媒体分类的广告有印刷广告(包括报章杂志等)、电子广告(包括广播、电视、网络等)、户外广告和邮寄广告等。

(三)要素

不管是商业广告还是非商业广告都含有以下五个要素。

(1)非人员。广告的对象不是单一的某个人,而是特定的人群或整个公众。

(2)有特定的广告主。任何一个广告都是有一定的人或组织为一定的目的而推出的。

(3)费用。除有些公益广告为免费广告之外,广告的费用一般都是由广告主支付的。

(4)传达一定的信息。广告的信息可以是有关商品的,也可以是有关某种经济、政治、慈善、宗教、寻人、求偶、启示或社会观念的。

(5)通过一定媒介进行传播。大多数广告是通过报纸、杂志、电视、广播、招贴等媒介传递信息的,也有一些广告采用传单散发、邮寄、橱窗布置、商品陈列等形式。

二、商务英语广告的基本结构

一般来说,一则广告通常由文字和非文字两个部分组成。文字部分主要包括广告的标题、正文、口号和附文;而非文字部分主要包括插图、色彩、外缘和版面设计等。下面就对广告的文字部分进行研究。

(一)标题

广告的标题是广告的核心部分,一般要选用较大的字体,并放置于广告的醒目位置,以引起消费者的注意。标题通常又包含引题、正题、副题三个部分。引题位于正题前面,是广告正题的引言,起到引起话题的作用,一般不含重要信息。正题是标题的主体部分,也是广告的重心,它集中了广告文案的最重要的信息。广告正题一般用比引题和副题大的字体来加以突出。辅题通常是进一步说或者是对正题提出问题的解答,具有进一步丰富正题

第七章 跨文化交际视阈下的商务英语广告翻译研究

的作用。

一则好的广告标题需要具备四个特征。

(1)位于广告的醒目位置。

(2)迅速引起无目的阅读和收看的受众的注意。

(3)诱使目标受众进一步关注正文。

(4)直接诱发受众产生购买行为。

广告标题位于广告的最顶端,字体也是最大的。标题在书面广告中具有非常重要的作用。一般有以下两种形式的标题。

(1)新闻标题型。这是一种像新闻报道一样的标题形式。它通常会报道新型的商品或者是旧商品最新使用方法。大多数人都喜欢追求新事物,而这类标题就是从人最感兴趣的特点入手,增添了很多吸引力。

(2)直截了当型。该方法针对生活中人们很多未能得以满足的需求,直接抓住问题的所在,给出解决问题的方法。采用此方法应尽量使用疑问句或祈使句的形式。例如:

Discover the wonder of your fist Dash wash!(Dash 洗涤剂)

What MORE for your money?(More 香烟广告)

How to pick cottons that stay pretty?(Sanforized 服装广告)

(二)正文

广告正文就是广告文案中处于主体地位的语言文字部分。正文也是广告最重要的组成部分。它的主要功能有:对广告的主题展开解释或说明,将在广告标题中引出的广告信息进行较详细的介绍,对目标消费者展开细部诉求。广告的正文可以使读者了解各种他们希望获得的信息,使他们在正文的阅读中建立对产品的兴趣、信任,并产生购买欲望,从而促成购买行为的产生。可见,广告的正文具有明显的信息性和劝说性。

正文没有固定的模式,可以根据商品的性质、广告的目的随心所欲地使用各种文句;体裁上可以用小说体、论述体等;语体上可以用口语体、书面语体等形式。正文的内容可以使用两种类型,即感情型和理智型。前者是激发人的感情和情绪的,而后者旨在刺激理性和理智方面的东西。

(三)口号

口号是广告中的主题语,即用十分精炼的语句概括出一则广告的主题,起到加深印象和宣传鼓动的作用,也可以体现商品和企业的形象。例如:

Good to the Last Drop.(Maxwell House 咖啡)

Just do it.(Nike 运动鞋)

广告的口号需要做到以下几点。
(1)口号的语气要显得明确肯定、积极向上。
(2)语句尽量短小明了,这样才能引起人们的注意并能方便大家记忆。
(3)要有较强的节奏感,以便消费者阅读。
(4)口号的语言要简洁,多用口语。
(5)广告的含义要富于竞争性,体现企业精神。
请看下面几条广告口号。
Take time to indulge. (Nestle 冰淇淋)
Absolute Vodka. Absolute Homage. (酒广告)
The relentless pursuit of perfection. (凌志 Car)
We integrate, you communicate. (三菱电工)
Once is never enough. (AIR FRANCE)
With Independence, ambition and entrepreneurial. (Saturn 公司)
NUTRACEUTICS——Quality living for the rest of your life. (药品广告)

三、商务英语广告结构示例

范文1:

FINAL Selection
NOW OPEN

Any house can give you a "Family Room".

At Saddlewood you get room for a family.

Like many communities, the homes at Saddlewood at Manchester Farm come with a family room. But, unlike most, our homes also come with room for a family.

Located in a community that welcomes kids, Saddlewood offers swimming and wading pools, a "cme-home-dry" bathhouse, tot lots, play areas and paths for biking and jogging, and a school, safe from your home.

You'll find room to live, room to grow in... four generous bedrooms... sunny breakfast room, elegant dining room, both with bay windows... a full basement, ready for entertainment, study and bath.

A backyard with room for weekends of cookouts... and a big double garage.

Come and see the community that offers everything a family could want room. From the $230's.

第七章 跨文化交际视阈下的商务英语广告翻译研究

DIRECTIONS:1~270 to Clopper Rd. (Rte. 117) W. 3 miles,cross Rte 118,right on Hopkins Rd. Sales office on Left.

HOURS:11~7 daily

PHONE:(301) 428-9185 ARTERY HOMES

这是一则卖房子的广告。这则广告是实实在在的理智型广告,通过对房子的空间、大小、后院等的介绍,使消费者明白这确实是一个适合居住的房子。同时,给出的价格也不是太贵,这样就给消费者以物美价廉的印象,更加具有说服力了。

范文2：

> Bare essentials,
> Bold alternatives.
> A quiet confidence
> That comes
> From within.
> Simple pieces,
> Simple living,
> Another autumn,
> An easier style.
>
> ——Bloomingdale's store

这是美国著名的百货商店 Bloomingdale's 的广告。广告采用诗歌体,通过诗一样的语言,创造出生动的意象,旨在使受众对产品产生联想,引起对产品的美好印象。

范文3：

Celestial Seasonings... enchanted
Herb teas.

Enchanted,because no matter what kind of mood you're in,we have a wondrous herb blend that's always in the mood for you. After a gentle night's sleep,you might feel like charging into the streaming sunlight of a brand new day. Let Morning Thunder help your spirits soar. Or perhaps on a soft sylvan eve you just need a little peace and rest. Try sharing a cup of sleepy-time to round off your tranquil mood.

Visit our wondrous herb teas in your favorite store. And experience a Celestial rainbow of flavors.

The herb tea that's always in a mood for you.

这是一则中草药广告。该则广告就运用了比喻的修辞手法,将这令人心醉的汤药比作天上的调味品,这样这个草药的美味就不言而喻了。

范文 4:

Lotto America

THINK BIG

WIN BIG

DISTRICT OF COLUMBIA

LOTTO AMERICA

Wednesday's Jackpot

＄8 MILLION

PLAY TODAY!

这则乐透广告采用诗歌体的形式。这种形式尽管内容并无太大新意,但是形式新颖奇特,并且简单易懂,易于被消费者接受。

范文 5:

经典广告欣赏:

Above all in refreshment.

雪乐门,心旷神怡的极品。(雪乐门香烟)

A modern car for a modern driver.

现代人开现代车。(宝马汽车)

A Simple Solution For A Healthy Home.

保持家庭健康的简便方法。(Defergent)

Do your teeth a favor.

令您皓齿生香。(佳洁士牙膏)

ASIAN TIMES. YOUR ASIAN INSIDER.

亚洲时报——令你亚洲万事通。(亚洲时报)

Its sound is as unique as its shape. Its brakes are as unique as its engine. It's not built to be something to everyone, buy everything to someone.

它有独特的声音与外形。它有独特的制动与引擎。它并非为所有人而制造,但它能够满足有些人的所有要求。(Porsche 保时捷汽车)

We take no pride and prejudice.

我们既不傲慢,也无偏见。(《时代》杂志广告)

Ludanlan—Love me tender, love me true.

绿丹兰——脉脉含情,情意真真。(绿丹兰)
Wear it and be happy.
真香,真乐!(CLINIQUE HAPPY 香水广告)
When you're sipping Lipton, you're sipping something special.
抿口立顿,体味非凡。(立顿果茶)
Think different.
所思所想与众不同。(苹果电脑)
Impossible made possible.
使不可能变为可能。(佳能打印机)
Cleans your breath while it cleans your teeth.
既洁齿,又生香。(高露洁牙膏)
I have no excuses. I just wear them.
我无法解释,我就是爱穿它。(牛仔裤)
Enjoy your ear whenever you hear.
随心所欲,想听就听。(润宝随身听)
Make yourself heard.
理解就是沟通。(爱立信)
Connecting People. (Nokia)
科技以人为本。(诺基亚)

第二节　商务英语广告的语言特点

一、商务英语广告的词汇特点

(一)使用单音节动词

单音节动词符合商务英语广告简练、通俗、朗朗上口的特征,这类词是人们使用最多的基本动词。例如,make,come,get,go,know,have,see,need,use,take,feel,like,start,taste,choose 等。这些词的意义各不相同,有些表示商品与顾客间的关系,有些表示人们对某些商品的拥有,还有的表示人们对产品的感觉和喜爱的程度等。例如:

It always tastes better when it comes from your own backyard.
Keep a beautiful record of your World Travels.
上述两个广告词分别使用了 taste,keep 这些单音节动词,既加强了语气,也使句子更为简练,读起来朗朗上口。

(二)使用缩略语

许多广告还使用缩写语。现在广告费用极其昂贵,使用缩略语可以降低广告成本,节省篇幅。例如:

(1)Take it to the net!(net 是 Internet 的缩略)
(2)We found'em we got'em.('em 是 them 的缩略)
(3)Nice'n Easy.('n 是 and 的缩略)

(三)模拟生造新词

从心理学的角度来说,广告对读者的吸引力主要来自语言的新奇和出人意料,从而激发阅读兴趣。创造新词可以让消费者自觉地联想到产品的独创性。根据英语的构词规则,造一个独创的能容易被读者理解的词,可以大大加强广告的新鲜感和吸引力。例如:

DRINKA PINTA MILKA DAY

这则广告很容易激发人们的好奇心,但是人们很难立刻理解其含义。原来,这则广告是根据发音来拼写而成的,意思是 Drink a pint of milk a day。可见,广告的设计非常匠心独运。

二、商务英语广告的句法特点

(一)广泛使用简单句

简单句一般具有较强的口语性特点。为了减少广告费用,需尽量减少篇幅,这就要求广告必须用最少的版面、最精练的语言,传递出最多的信息。多用简单句、口语性强成为商务英语广告的重要特点之一。例如:

(1)Take Toshiba,take the World.(Toshiba 电子公司)
(2)It's your life. It's your store.(acme 超市)
(3)It's All inside.(JC Penny 专卖店)

显然,上述这些句子都很简短精练。而且,商务英语广告中形式简洁、内容浓缩的短句常常具有警句、格言的意味。

(二)多用并列结构

商务英语广告为求得简洁易懂,常倾向于更多地使用并列结构,而相对来说较少使用复合结构。这是商务英语广告在句法结构方面的一个重要特

点。例如:

(1) Today's AARP—Your Choice. Your Voice. Your Attitude.（AARP 为一家咨询机构）

(2) To laugh. To love. To understand each other.（《娱乐世界》广告）

（三）多用省略句

广告需要在有限的时间、空间和费用内,达到最佳的宣传效果,这样才能使其所宣传的商品在与同类商品的竞争中取胜。使用省略句使句子简短明了,既可以节省广告篇幅,又同样包含大量信息。

省略句既可以省略主语,也可以省略谓语,还可以省略其他成分。例如:

Italy, perhaps the most beautiful country in Europe. The towering Alps, The Floretine hills. And the ancient ruins of Pompeii. The great cities… In fact, when you fly Alitalia, the Italian experience starts the moment you take off…（Alitalia 航空公司）

显然,上例中运用了明显的省略,取得了突出、鲜明的效果,给人以醒目之感。

（四）多用疑问句

以疑问句句型开头的句子容易引起读者注意,并使他们对所提问题进行主动思考,从而加深印象。例如:

(1) Why not let the world largest estate sales orgamzatlon help you?（介绍房地产销售商）

(2) How the wrong system can affect a pertectly good portable telephone?（推出一种手机）

(2) Are you still feeding your six-month-old an intant formula?（介绍一种婴儿食品）

上述疑问句的使用更能引起顾客的注意,从而使他们加深对该产品的印象。

三、商务英语广告的修辞特点

广告语言要求有艺术性,就必须使用一定的修辞手法进行修饰。修辞是为增强表达效果而对语言进行加工的一种活动。在广告文案中,经常运用的修辞格有:比喻、双关、仿拟、押韵等。

(一)比喻

比喻就是通常所说的打比方,也就是用本质不同却具有相似点的另一事物来说明或描绘该事物,通常有明喻和暗喻之分。它是广告语言中常见的修辞方法。运用比喻可以使广告形象、生动,易于为读者接受。

1. 明喻

在明喻中,本体和喻体之间常用 as,like 等标志性词语连接起来,从而使人产生一种清晰而且具体的联想。例如:

What's on your arm should be as beautiful as who's on.
戴在您手臂上的东西应当与您本人一样漂亮。

——手表广告

Choose a pot like you choose a husband.
像选择夫君一样选择一个锅。

——炒锅广告

Now renting a car is as easy as signing your name.
现在租车同签名一样容易。

——出租车广告

2. 暗喻

暗喻是指根据两个事物间的某种共同特征或某种内在联系,把一个事物的名称用在另一个事物的名称上,说话人不直接点明,而要靠读者自己去领会的比喻。在暗喻中没有 as,like 之类的介词将本体与喻体连接起来。广告中的暗喻比较含蓄,更能激发读者丰富的想象。例如:

EBEL the architects of time.
"依贝尔"手表——时间的缔造者。

——手表广告

Step into our homes and you'll step into a world of space and light.
踏进我们的房间,您就踏进了一个宽敞明亮的世界。

——房屋销售广告

Our big bird can be fed even at night.
即使是夜晚,我们也给"巨鸟"喂食。

——法国航空公司广告

(二)双关

双关语指同形异义词或同音异义词的巧妙运用。在商务英语广告中双关语的运用能够增添广告的趣味性和幽默感,让消费者比较轻松愉悦地接受广告中传递的商业信息。例如:

MAKE TIME FOR TIME.

留出时间读《时代》。

——《时代》杂志广告

Different countries. Different languages. Different customs. One level of comfort worldwide.

不同的国家,不同的语言,不同的风俗,同样的舒适。

——航空广告

(三)仿拟

仿拟一词源于希腊语 Paroidia,意思是 satirical poem(讽刺诗),是指对某一作者所使用的词语、风格、态度、语气和思想的模仿,使其显得滑稽可笑。这种滑稽效果通常由夸张某些特性而获得,或多或少利用了类似卡通漫画家式的技巧。事实上,它是一种讽刺性的模仿。仿拟又称"仿化",既仿造,又变化。这一修辞用在广告中可使之生动活泼、幽默诙谐,并能使人产生联想,加深印象。例如:

PAINT THE TOWN ROUGE

ROUGE 香槟酒,为您的生活添色彩。

——香槟酒广告

Wearing is believing.

一穿便知。

——内衣广告

Better late than the late.

晚到总比完了好。

——安全行车公益广告

(四)押韵

英语广告中的押韵包括头韵和尾韵。头韵是把首音相同或相近的单词放在一起,尾韵则是把尾音相同或相近的单词放在一起,以形成视觉和听觉

的最佳结合,达到声情并茂的效果。① 例如:

Hi-Fi, Hi-Fun, Hi-Fashion, only from Sony.
高保真,高乐趣,高时尚,只有来自索尼。

——索尼产品广告

Try America Online For Ten Hours, Free.
Fun. Friendly. Free.
试试长达10小时之久的免费美国在线。
有趣、友好、自由。

——美国在线广告

Wipe it on, Windolen. Wipe it on, Windolen. That's how to get your windows clean. Wipe it off, straight away. Wipe it off, no delay.
擦上"窗净",门窗立净,"窗净"——窗净。

——窗净牌洗窗剂广告

A happy ending starts with a good beginning.
美满的结局始于良好的开端。

——书籍广告

第三节 跨文化交际视阈下商务英语广告翻译的原则

广告最主要的功能在于它的劝说功能,即要在瞬间引起消费者的注意,号召他们接受广告语所宣传的产品或服务,从而刺激其消费欲望,促成其消费行为。因此,广告语本身必须具有较强的感染力。相应地,广告翻译的关键就是要使广告译文对读者具有同样的感染力,同时还要符合读者所处的文化背景。总体来说,商务英语广告的翻译应当把握以下几点原则。

一、充分理解所译产品

由于广告的最终目的是为了吸引消费者的注意并促成其消费行为,因此广告翻译并不是单纯的语言转换工作,而是要充分体现广告的信息功能和劝说功能。在翻译之前,译者需要做两方面的准备工作。

---

① 李萍凤. 英汉商业广告翻译中的文化及语言差异[J]. 对外经贸实务,2011,(7):70-72.

(1)所译产品或服务的特征,这包括产品本身的品质、性能、价格、文化定位以及信誉度等。

(2)原广告策划情况,即广告的目标市场与特征、广告自身的卖点、传播广告的媒体、与广告有关的促销活动以及广告投入的经费等。只有对这些方面进行充分了解,译者在翻译过程中才能时刻把握好广告的重点。

二、考虑文化差异

在商务英语广告的汉译中,要充分考虑并尊重两种语言的文化内涵及其差异,避免因文化冲突而影响应有的广告效果。首先,要充分了解中西方的文化差异,把握中西方文化的异同,遵循社会文化习惯。其次,在充分了解文化差异的基础上,要进行适当的文化转换,以适应广告受众国的风俗习惯,符合受众国消费者的心理特征。

第四节 跨文化交际视阈下商务英语广告翻译的策略

近年来,在不同翻译理论的指导下,人们提出了各种各样的广告翻译的技巧与方法,常见的有直译法、意译法、音译法、创译法、套译法、拆译法等各种方法,不胜枚举。下面我们就对这些策略进行详细的介绍。

一、商务英语广告翻译的策略

(一)直译法

直译指的是把原来语言的语法结构转换为译文语言中最近似的对应结构,但词汇依然一一对译,简单来说就是指将原文句子表达的表层意思和深层意思按字面直接翻译成目的语,在译文中既保留原文内容又保留原文形式,包括原文的句式修辞等表现手法。例如:

为你未来,做好现在。

Striving today for all your tomorrows.

——中银集团

(二)意译法

由于英汉两种语言和文化的巨大差异,有时不能局限于字面意思进行翻译,而是取原文内容而舍弃其形式进行翻译。意译是一个相对直译而言的概念,通常只取原文的内容而舍弃其形式。这种译法较为自由、灵活,容许译者有一定的创造性,但仍保持原文的基本信息,使翻译的译文从消费者角度看比较地道,可接受性较强。例如:

Every time a good time.

分分秒秒,欢聚欢笑。

——麦当劳

(三)音译法

一般说来,新造词的翻译可采取音译、意译或音意结合的方法。例如:

Adidas(阿迪达斯)

Nike(耐克)

Pierre Cardin(皮尔卡丹)

这些品牌的翻译体现了异国情调,使之具有别样的诱惑力。

(四)创译法

创译是指再创型翻译。顾名思义,创译法已基本脱离原品牌名称发音及含义,根据产品的具体情况及当地的语言或风俗习惯,故这种译法就被称为创译或改译。例如:

Hi-White

I'm a smoker...

I'm a smiling...

Hi-White,Smoker Tooth Polish

洁齿牙膏,让吸烟者尽情欢笑的牙膏;洁齿,吸烟者专用牙膏。

(五)套译法

英语中的不少广告借用现成的成语、谚语、短语等来获得文体效果以达到预期的目的,译文可以套用汉语中一些现成的表达形式或固定的结构框架,做到译文与原文相契合,传达出广告原文的语言内涵。① 例如:

---

① 郭伟恩. 翻译学视野下的英文广告功能释读[J]. 福建商业高等专科学校学报,2012,(4):97-100.

第七章 跨文化交际视阈下的商务英语广告翻译研究

One man's disaster is another man's delight! The Sale is now on!
几家欢乐几家愁!拍卖金进行中!
有了南方,就有了办法。
Where there is a South, there is a way.

——南方科技咨询服务公司广告

We take no pride in prejudice.
对于您的偏见,我们没有傲慢。

——泰晤士报

二、商务英语广告翻译的实践

原文:
Father of All Sales
15% to 50% off!

译文:
特大甩卖,全场八五折到五折!

译文分析:
这是一则广告口号。在英语文化里,人们习惯用 father 来代称大河、大江。例如,美国的"密西西比河"被称为 Father of the Waters 或 the Great Father,而汉语中的"父亲"一词没有这一含义,而是习惯用"母亲"比喻人们赖以为生的河流,如把"黄河""长江"称为"母亲河"。所以,在翻译该广告口号时,要考虑到中英文化的差异,舍弃原文的字面形式,用意译的方法传达原文的信息,把它翻译成"特大甩卖,全场八五折到五折!"。

第八章　跨文化交际视阈下的旅游商务英语翻译研究

旅游业一直以来就受到国内外人士的关注,因为旅游是一项涉及多种行业的领域。在当前时代与社会发展背景下,国家一直都十分重视对旅游行业的发展。因此,从跨文化交际视阈出发,对旅游商务英语翻译展开研究意义重大。

第一节　旅游商务英语简述

一、旅游的基本知识介绍

(一)旅游的要素

开展旅游活动需要最基本的六个要素,即吃、住、行、游、购、娱,以此满足人们旅游活动的最低层次需要。旅游活动是一项涉及面十分广泛的综合性社会经济文化活动。按照三体说的观点,旅游主体、旅游客体、旅游媒体是构成旅游活动的三大要素。

1. 旅游主体

一般情况下我们将旅游活动的主体理解为旅游者。旅游者也可以简单地称为"游客",主要指离开自身居所到其他地区进行旅游活动的人。从旅游的发展历史可以看出,旅游者先于旅游产生,此后才围绕旅游者出现了各种提供旅游服务的从业人员。在旅游活动中,旅游者是一个重要的主导性因素,旅游者的数量、消费水平、旅游方式等对于旅游业发展具有重要意义,是决定旅游业内部各种比例关系及其相互协调性的主要因素。因此,在众多旅游因素中,旅游者是最活跃的因素。

第八章　跨文化交际视阈下的旅游商务英语翻译研究

2. 旅游客体

旅游客体一般是指旅游资源,也就是一切与旅游活动相关的旅游资源。旅游资源的本质是存在于自然环境和人文环境中,在一定程度上对旅游者形成吸引的事物和现象。旅游资源在旅游活动中处于客体地位,与旅游主体相对。当一个个体在拥有充足时间和金钱可以开展旅游活动时,其为了求职或娱乐开展旅游活动之前,首先考虑的便是旅游目的地,旅游者会结合自身实际情况选择那些可以满足自身旅游需求的国家或地区。此时,可以对旅游者的选择起到决定性作用的因素便是满足其偏好的旅游资源。当然这并不是旅游者在做出选择时的唯一思考内容,他们还会充分考虑旅游目的地的生活条件和服务设施等,但是这些需要并不是旅游者的首要需要。旅游资源具有自身特色,这些具有民族特色和地域特色的旅游资源是其他资源无法替代的,并且旅游者只有身临其境才可以真切感受这些旅游资源,单纯地依靠文字、图片和视频等无法使旅游者真正意义上得到精神满足。由此可以看出,对于旅游活动而言,旅游资源是不可取代的客观基础,是旅游目的地吸引旅游者的关键所在,是国家和地区开拓旅游市场、发展旅游行业的重要物质基础和条件。

3. 旅游媒体

旅游媒体即旅游业,旅游媒体一方面为旅游活动顺利进行提供条件,另一方面为旅游者提供各种旅游商品和服务,旅游业涉及方面众多,是一个综合性产业。旅游业的发展与众多经济部门和非经济部门相关,其中包括旅行社、旅游饭店和旅游交通等。在整个旅游活动中,旅游业发挥着重要的纽带作用,其将旅游主体和旅游客体紧密地联系在一起,旅游者通常会通过旅游业提供的服务获取旅游资源,而旅游资源通常是通过旅游业充分发挥自身作用。当前,随着人们生活水平不断提高,我们已经迎来了大众旅游时代,几乎所有旅游者都会利用旅游业为其提供的各种服务。旅游业提供的旅游服务虽然不是旅游者进行旅游的最终目的,但是旅游业连接起了客源地与目的地,连接起了旅游动机与旅游目的。在旅游业充分发挥作用的前提下,旅游者不用花费大量的时间和精力在一些琐碎事情上,不需要为旅游过程中可能遇到的各种困难而担心,旅游业可以为旅游者提供各种与旅游相关的服务,在旅行过程中,各相关企业可以帮助旅游者解决各种吃住行的问题。随着旅游业不断发展,旅游者的活动范围越来越大,活动时间越来越长,活动内容越来越丰富。

此外,旅游业还可以发挥组织功能,该功能有效地推动了旅游的进一步发展。从供给的角度来说,旅游业以市场的实际需求为依据对旅游产品进行科学组织,推出各种旅游活动,并围绕市场需求提供一系列配套产品。从需求的角度来说,旅游业采取多种多样的方式方法为旅游产品组织客源。旅游的组织作用自其产生就已经形成,并且这一作用始终有十分突出的表现,组织作用是促使旅游业形成并发展的基础。

总之,就旅游活动而言,旅欧主体、旅游客体和旅游媒体是相互联系、互为制约的,旅游活动是由这三要素共同构成的有机体。一个要素发生了变化必然会引起其他要素的变化。例如,旅行社对旅游地的宣传效果良好,那么意味着旅游地本身具有较强的吸引力,而这又会作用于旅游者的选择,从而增加旅游地流量,相应地,旅游地的开发规划、环境保护也会受到影响,旅游地的基础设施建设等也会产生一定变化。

(二)旅游的特征

旅游是一项内容丰富、形式多样、涉及面极广的社会经济现象,是一种短期性的特殊生活方式。旅游以其自身特色从一般的社会活动中脱颖而出,得到了全社会的积极参与。旅游的特征主要包括以下几点。

1. 普及性

在第二次世界大战以前,经济社会发展程度不高,只有少数人群才可以旅游,旅游活动在某种程度上属于一种阶级特权。第二次世界大战以后,特别是20世纪60年代以后,大众阶层成了旅游队伍的主力,旅游度假成为普通大众都可享有的基本权利。正如世界旅游组织在1980年发表的《马尼拉宣言》中明确提出的,旅游也是人类社会最基本的需要之一。

2. 流动性

旅游活动是一种暂时性的异地活动,也就是说旅游者需要从自身所在地移动至旅游目的地参与旅游活动。旅游者从客源地流向旅游目的地,从一个游览地流向另一个游览地,这就决定了旅游活动的流动性。旅游者的流动性构成了对交通的需求,这成为旅游活动的特点。

3. 地缘性

早期,我国入境旅游者大部分来自亚洲地区,欧洲客源较少。当前,亚洲国家和地区虽然依旧是我国入境旅游的主要客源国。但欧美国家和地区也逐渐成为我国的主要客源国。数据统计显示,2018年上半年,入境外国游客人数2 377万人次,亚洲占76.7%,美洲占8.0%,欧洲占

12.1%,大洋洲占1.9%,非洲占1.3%。根据北京市统计局公布的数据显示,2018年1~10月,共接待入境旅游者3 396 952人,亚洲地区入境旅游者为1 456 484人,欧洲地区为876 286人,美洲地区为828 052人,大洋洲地区为151 781人,非洲地区为72 072人。

4. 短暂性

旅游者进行旅游活动,是一种从自身居住地到旅游目的地观光、游玩的异地短时期的活动,一般情况下,旅游者不会在某一旅游目的地停留较长时间,因此旅游活动并不是人们在常住地进行的活动形式。可以看出,短暂性是旅游的特点之一。短时间是一个笼统概念,为了在统计上的具体操作更简便,有关组织对"暂时"的长短做了规定,如世界旅游组织明确规定了"暂时"为不超过一年。

5. 综合性

旅游者进行旅游活动,在整个旅游过程中会产生各种各样的需求,包括吃、住、行、游、购、娱等,旅游业根据旅游者的实际需要为其提供相应的服务,满足他们的各种旅游需求。具体来说,旅游活动的一个基础就是旅游地有满足旅游者需求的餐饮设施、住宿设施、交通设施、景点设施等。例如,不同的旅游者会根据实际需求选择不同的旅游活动形式,可能是观光旅游、探险旅游,也可能是探亲访友等。可以看出,旅游主体会根据自身实际情况对旅游活动客体内容产生多种多样的需求。同时需要注意的是,旅游资源既包含自然资源也包含人文资源,既包含物质资源又包含精神资源。由此可见,旅游活动与社会要素、经济要素、文化要素等密切相关,旅游是一项与社会、经济、文化等各个方面密切相关的人类社会活动,而这也决定了旅游的复杂性、综合性。

6. 体验性

休闲时代早已来到人们的生活之中,而世界的主要经济形态也向着体验经济过渡。这使得旅游业也需要向体验型旅游的方向发展,即注重旅游者的旅行体验。过往的传统旅游形式总给人一种走马观花的感觉,特别是组团旅行更是如此,这种旅游实际上并没有展现太多旅游的本质意义。真正的旅游,需要旅游者亲身参与到各种活动中,以获得身心体验为目的。

旅游本来就是一种体验性极强的活动。将体验融入旅游当中更是这一类旅游活动的核心,这与当前旅游市场的发展需求是相符的。要想在旅游中获得更好的体验,就必然需要依托优质的旅游资源,如此才能为旅游者提供健身、娱乐、休闲、交际等各种服务，使旅游者在活动中体验到身心两方面的良好感受，从而对旅游的魅力有更深的感悟。

二、旅游商务英语

旅游一词来源于拉丁语的 tornare 和希腊语的 tornos，原意为"围绕一个中心点或轴的运动；车床或圆圈"，后演变为"顺序"。词根 tour 的不同后缀也有其不同的意思，但个个意思都表明旅游是一种往返的行程，完成这个行程的人被称为旅游者（Tourist）。相应地，旅游商务英语主要是针对商务工作过程中所涉及的旅游展开研究的。

因为旅游产业由多种产业构成，如交通业、餐饮业、住宿业、娱乐业等，是一个群体产业，形式多样而且分散，所以旅游这一概念存在模糊性。对于旅游的定义一直处于不确定的状态，直到 1955 年，世界旅游组织给旅游下了明确的定义，即旅游是人们为了休闲、商务和其他目的，离开他们惯常的环境，到某些地方去以及在那些地方停留的活动。世界旅游组织明确的这一旅游的定义受到了普遍的认同，但对旅游的定义并不止这一种，不管哪种定义都包括三方面的要素，即出游的目的、旅行的距离和逗留的时间。

第二节　旅游商务英语的语言特点

英语作为一种全球性的语言，被广泛运用于各个领域，旅游业也不例外。于是，关于旅游方面的英语词汇和书籍开始慢慢融入人们的生活，旅游商务英语文体的重要性也日益突出。与法律英语、科技英语类似，旅游商务英语本身属于专门用途英语的一部分，因此无论在用词、选句还是语篇组织上，旅游商务英语文本都有自身的语言特点，并且这些层面也更能体现旅游商务英语翻译的复杂性、综合性与跨学科的特征。

一、旅游商务英语的词汇特点

（一）使用专有名词

大多旅游商务英语文本是对旅游目的地的宣传，因此很多旅游地名、由普通名词构成的经典名称往往会出现在旅游商务英语文本之中。当然，对这些经典的宣传也是为了传达其人文景观或历史沿革，因此其中不可避免会涉及很多的历史事件、著名人物等。

正如学者陈凌燕、傅广生所说:旅游景点名称是对该景点特征的形象概括,对景点内容的介绍有着十分重要的意义。①

(二)使用缩略语

在旅游商务英语文本中,缩略词的使用是非常频繁的,是随着旅游业的发展,从普通词语演变而来的。在旅游活动中,无论是口语还是书面语,交际双方都会习惯使用一些缩略语,目的是用有限的形式将所要传达的信息传达出来,这样既节省了时间,又显得更为专业。例如:

USA(United States of America) 美国
LTB(London Tourist Board) 伦敦旅游局
WHO(World Health Organization) 世界卫生组织
LHA(London Heathrow Airport) 伦敦希思罗机场
QTS(Quality Tourism Service) QTS优质旅游
UFO(Unidentified Flying Object) 不明飞行物
UNESCO(United Nations Educational, Scientific and Cultural Organization) 联合国教科文组织
B&B(bed and breakfast) 住宿加早餐
user id(user identity) 用户标识
campsite(camping site) 露营地点
biz(business) 商业

二、旅游商务英语的句法特点

(一)使用祈使句

除了属于宣传类文本,旅游商务英语文本还属于呼唤类文本,即让读者采取行动,享受服务或者参观景点。因此,旅游商务英语文本中还往往使用祈使句,这样更能增强呼唤的效果。例如:

Take time to wander among Kazan Cathedral's semi circle of enormous brown columns.

花些时间漫步于喀山大教堂巨大的棕色圆柱所围成的半圆形。

Don't be surprised if there's an hour-long wait to ascend.

---

① 彭萍. 实用旅游英语翻译:英汉双向[M]. 北京:对外经济贸易大学出版社,2010:81.

如果等待一小时方可攀登也不要大惊小怪。

Look over your right shoulder. The massive golden dome of St. Isaac's Cathedral rises above the skyline.

朝右后方看去,圣以撒大教堂巨大的金制圆顶直插云霄。

分析上述几个例子,其中都是包含有祈使句,如 Take time to… ,Don't be… ,Look over your right… 这些祈使句的运用主要是为了起强调作用,加强语气。

(二)使用疑问句

疑问句,顾名思义就是提出问题,让读者进行思考。旅游商务英语文本中也会应用到这种句型,这样才能引发读者的思考,吸引读者的注意力,从而起到宣传的效果。同时,旅游商务英语文本中的疑问句更像一种人与人之间的谈话,给人一种亲切的感觉,便于与读者相贴近。例如:

Why not discover all three regions of the "Triangle" yourself in a fun-packed week long itinerary?

花上一周时间亲身探索一下"金三角"中的三个地区吧。

上述例子使用 why not 表达疑问的形式,用于表达一种建议,更具有说服力,便于读者接受。

(三)使用复杂句

前面已经说过旅游商务英语文本中会使用简单句,以便句子更通俗易懂,起到更好的宣传效果。但是,有些旅游商务英语文本中不可避免地会用到一些复杂句子,其中包含一些短语或者从句等。例如:

The shore line is unobtrusively divided into low islands fringed with black lava boulders and overgrown with jungle and the grey-green water slips in between.

河岸线界限不明,划分为座座低矮的小岛,暗绿的河水缓流其间。岛上丛林茂密,大片乌黑的熔岩裸露于四周贴水一线。

上述例子中包含两个 with 引导的从句,属于一个复杂句子,但是这样的表达更能凸显宣传效果。

三、旅游商务英语的语篇特点

(一)条理清晰固定

旅游商务英语文本在语篇表达上呈现了一定的要求,具体来说就是条理清晰、主次分明。以旅游手册为例,其主要介绍的是旅游景点、交通、住宿、餐饮等信息,是一种描述型、信息型文本,其一般由标题、口号与正文构成。

标题部分是对正文的总括,语言上要求简单、清晰,让读者一目了然,即一看就能够了解其内容与特色。因此,旅游商务英语文本中的标题一般具有概括性与简洁性。一般来说,其标题命名的形式多样,有的以旅游目的地命名,有的是以目的地辅以概括性语言来命名,有的则以旅游机构来命名。例如:

Biking & Hiking

骑车游与徒步游

The Solomon Treasured Islands of Melanesia

美拉尼西亚所罗门群岛旅游手册

口号部分类似于广告语,语言要求具有鼓动性,并且要保证言简意赅,将目的地的差异性、旅游设施的特殊性加以展现,因此旅游商务英语文本的口号一定要保证简洁,便于人们的激励,吸引人的注意力。例如:

A WORLD YOU NEVER KNEW STILL EXISTED

一个你从未听说但存在的地方

The Way Life should be...

生活理应如此……

正文部分是旅游商务英语手册的重要部分,一般包含几个部分,每一个部分也都有专门的标题,这些标题主要是对目的地及旅游相关事宜的介绍。旅游商务英语手册的正文一般要遵循如下几个步骤。

其一,有关旅游目的地或旅游设施的评价性语言。

其二,旅游目的地或旅游设施的历史简介。

其三,以导游的形式介绍主要景点。

其四,实用细节信息,如地理位置、交通、联系方法、价格等。

其五,规章制度,如禁止拍照、禁止给动物喂食等。

以上的每一语步都有其交际目的,通过一系列的语言特点来实现。

下面通过一个具体的例子来说明。

10 Days,England,France,Italy

Easy Pace London,Paris & Rome

This tour is for the independent traveler who wants to spend time in three of Europe's most renowned capital cities—London,Paris & Rome. A comprehensive half-day sightseeing tour of each city is included to introduce you to the famous sights and attractions,and there is also ample time to explore at your leisure. You will also enjoy the added benefit of travelling by Eurostar—the high-speed train service between London and Paris-and overnight sleeper train from Paris to Rome.

DAY 1—SUN-DEPART USA. Overnight flight to London.

DAY 2—MON-ARRIVE LONDON. After checking in to your hotel, the afternoon is yours to relax or explore this immense metropolis steeped in history and tradition. Spend the evening at an informative meeting and enjoy a Welcome Drink with your Insight local host.

DAY 3—TUE-LONDON SIGHTSEEING. Your first full day includes a sightseeing tour of London's West End. See Westminster Abbey, the Houses of Parliament, Big Ben, then drive past. Downing Street to Trafalgar Square and Nelson's Column. Finally, witness the Changing of the Guard at Buckingham Palace. Your city tour ends in the heart of the West End where the afternoon is yours to visit the museums, shop in the department stores or see a show at one of London's theatres.

DAY 4—WED-LONDON AT LEISURE. Today is at leisure to further explore London or for sightseeing further afield. Maybe enjoy a half-day tour to Royal Windsor Castle or a full day excursion to Stonehenge and Bath.

DAY 5—THU-LONDON-PARIS. Meet your Tour Director who will escort you to St Pancras Station to take the Eurostar to Paris. After a journey of just two-and-a-half hours, passing through the famous Channel Tunnel en route, arrive in Paris and transfer to your hotel. The afternoon is yours to explore this romantic city. Consider taking an optional tour of the sparkling Paris illuminations at night.

DAY 6—FRI-PARIS SIGHTSEEING. An included sightseeing tour shows you the highlights of the city, including the Eiffel Tower, Arc de Triomphe, Opera House, the immense facades of the Louvre and the captivating 13th century Gothic Notre Dame Cathedral. The afternoon is set aside for you to explore Paris at your own pace. Don't miss the chance to visit one of the world-famous cabaret shows for an evening of excitement and glamour.

DAY 7—SAT-PARIS AT LEISURE. The riches of this great capital are yours to discover today—take the funicular up to the bohemian painters' quarter of Montmartre and to Sacre-Coeur Basilica. Or dedicate the day to the huge collections of the Louvre or a tour to magnificent Versailles. Don't forget to buy last-minute presents and souvenirs in the grand department stores.

DAY 8—SUN-OVERNIGHT TRAIN TO ROME. Another free day

in Paris. Why not visit impressionist painter, Claude Monet's house and gardens? This evening we bid farewell to our Tour Director and depart for Rome on our comfortable overnight train with sleeper compartment.

DAY 9—MON-ROME SIGHTSEEING. On arrival, meet your local Insight host for a guided tour of Rome—see St Peter's Basilica in the Vatican City, the Forum and Colosseum. Then there's time for you to explore Rome at leisure. A must for art lovers are the treasures of the Vatican Museum and the Sistine Chapel.

DAY 10—TUE-RETURN TO USA. The tour ends after breakfast.

英国、法国、意大利 10 日游
伦敦、巴黎、罗马轻松游

这条旅游线路是为那些想游览欧洲的伦敦、巴黎和罗马这三大著名都市的自主旅游者设计的。其中包括每座城市半天的观光游,带你参观著名的景点,之后给你充足的自由游时间。你还将搭乘伦敦与巴黎之间的高速列车——欧洲之星,以及从巴黎到罗马之间的夜间卧铺列车。

第一天(星期日):美国出发,乘坐飞往伦敦的隔夜航班。

第二天(星期一):到达伦敦。入住酒店。下午休息或自行游览有着丰厚历史和传统积淀的伦敦大都市。晚上有一个信息发布会以及享用 Insight 当地接待人员为你举办的欢迎酒会。

第三天(星期二):伦敦观光游。全天游览景点包括伦敦西区、威斯敏斯特教堂、国会大厦、大本钟、唐宁街、特拉法尔加广场、纳尔逊圆柱、白金汉宫卫兵交接班仪式,最后回到伦敦西区的中心地带。下午是自由游览时间,你可以参观博物馆,到百货商场购物,或到伦敦剧院观看演出。

第四天(星期三):伦敦休闲游。今天是继续自由探索伦敦或到更远的地方观光的时间。你可以用半天的时间游览温莎城堡,或用一整天的时间游览史前巨石阵和巴斯。

第五天(星期四):伦敦—巴黎。与导游会合,到圣潘克拉斯火车站乘坐欧洲之星到巴黎。经过仅仅两个半小时的行程,途中穿越著名的英吉利海峡隧道,到达巴黎,入住酒店。下午自由游览这座浪漫之都。晚上可以考虑观赏巴黎绚烂的夜景。

第六天(星期五):巴黎观光游。游览景点包括埃菲尔铁塔、凯旋门、歌剧院、罗浮宫、巴黎圣母院。下午是自由探索巴黎的时间。晚上不要错过观看世界著名的歌舞表演,为你一天的行程再增加一份魅力和刺激。

第七天(星期六):巴黎休闲游。今天是你发现这座伟大都市丰富宝藏的时候:乘坐缆车到达蒙马特尔,观赏波希米亚画家们的公寓和圣心堂,或者用一整天的时间欣赏罗浮宫的收藏,或游览辉煌壮丽的凡尔赛。不要忘记最后一刻在大百货商场购买礼品和纪念品。

第八天(星期日):乘坐到达罗马的夜间火车。又是在巴黎自由游的时间。为什么不去参观印象派画家克劳德、莫内的住所和花园?晚上我们与导游告别,乘坐舒适的卧铺火车到罗马。

第九天(星期一):罗马观光游。到达后,Insight当地导游接车,带领参观罗马。游览景点包括梵蒂冈的圣彼得教堂、古罗马会议广场和圆形大剧场。然后是自由探索罗马的时间。梵蒂冈博物馆和西斯廷教堂是艺术爱好者的必看之地。

第十天(星期二):回美国。早饭后结束旅程。

从上述例子很清晰地看出"英国、法国、意大利10日游"为这则旅游商务英语文本的标题,而且每一部分都有一个相对应的标题,表达的是该部分的主要信息,这样可以让读者很清晰地了解与把握。

(二)表达准确具体

旅游商务英语文本的形式与内容是多种多样的,如旅游指南往往属于描写型的,因此用词较为明白、生动;旅游广告属于召唤型的,语言往往有创意、短小精悍;旅游合同是契约型的,往往要求用词规范、程式化;旅游行程是信息型的,用词往往要求简略明了等。伍峰等人指出:"就整体而言,旅游商务英语文本具有通俗易懂、短小精悍、生动活泼、信息量大的特点,同时其具有艺术性、文学性与宣传性。"[①]很多时候,旅游指南、旅游广告等都是合二为一的,这样使旅游商务英语文本具有了集合食宿、游览等为一体的文本,起到了很好的宣传效果。

第三节 跨文化交际视阈下旅游商务英语翻译的原则

一、忠实性原则

忠实性原则是任何翻译活动都必须遵循的基本原则,旅游商务英语文体翻译同样如此。忠实原则要求译者在翻译时要遵循旅游文本的功能和目的,

---

① 伍峰等.应用文体翻译:理论与实践[M].杭州:浙江大学出版社,2008:319.

忠实地传达原文信息。

旅游商务英语的目的大多是吸引读者的注意,向读者传达信息,因此翻译时必须考虑其在译入语中的功能和目的。汪宝荣(2005)曾指出,外国游客远道而来,吸引他们的不仅仅是花草树木、山河湖泊,更是景点中所蕴含的文化特色。因此,翻译旅游商务英语文体时在忠实传达实质性信息的同时,要注意旅游商务英语文体的宣传语气,进而从形神两个方面做到对原文的忠实。

二、呼唤性原则

旅游商务英语文体通常具有下面两大显著功能。

(1)信息功能,即能为读者提供尽可能多的关于旅游目的地的各方面信息,如自然、地理、文化、风俗等。这可以帮助旅游者对旅游景点进行全面深入的了解。

(2)呼唤功能,即能刺激读者采取旅游行为。呼唤功能是旅游外宣文体区别于其他实用文体的最大特点。

刘金龙(2007)指出:旅游宣传资料的主导功能在于其指示功能,它是以读者为中心的,向读者发出"指示"。要保留旅游文本在目的语的这一功能,译者必须注重传达出其中的"诱导"或"呼唤"的语气,让读者读完译文后真正"有所感、有所悟、有所为"。可见,在旅游翻译中,译者要重视英汉语言及表现手法方面存在的差异,最大限度地再现原文的"呼唤"语气。

因此,在旅游商务英语文体翻译过程中,译者要重视英汉语言及表现手法方面存在的差异,从而使译文能够准确地再现原文的"呼唤"语气,以便更好地引导读者。

第四节 跨文化交际视阈下旅游商务英语翻译的策略

一、旅游商务英语翻译的策略

(一)旅游商务英语翻译的常见策略

在旅游商务英语翻译中,建筑的翻译尤为重要,下面对其进行详述。

1. 约定俗成

众所周知,中国是一个世界闻名的古都,拥有的古典建筑有很多。很多学者对这些古典建筑进行过研究与翻译,随着时代的进步,这些翻译逐渐固定下来,成为约定俗成的表达。例如:

颐和园 the Summer Palace

四合院 quadruple courtyards/courtyard houses

水榭 waterside pavilion

故宫 the Imperial Palace

天安门 Tiananmen Square

园林 gardens and parks

紫禁城 the Forbidden City

胡同 hutong(bystreet)

亭 kiosk

碑铭 inscription

园艺 gardenin

2. 直译

对于描述类的建筑,译者在翻译时往往采用直译技巧。直译的目的不仅是将原文的意义准确传达出来,还是为了对原文语言形式如句子结构、修辞手法等的保留。对旅游建筑文化进行直译有助于让译入语读者了解旅游建筑文化的魅力。例如:

北京宫殿又称"紫禁城",呈南北纵长的矩形,城墙内外包砖,四面各开一门,四角各有一曲尺平面的角楼,外绕称为"筒子河"的护城河。

Beijing Palace, also known as "the Forbidden City", showed a rectangle with a north—south longitudinal length. City walls covered by bricks, pierced by a gate on the four sides and decorated by a flat turret in the four comers are surrounded by a moat called "Tongzihe River".

上例是对紫禁城的描述,译文直接采用直译技巧,让译入语读者通过语言来描绘出头脑中紫禁城的形象,勾勒出一幅紫禁城图,进而了解中国的建筑与自身国家的建筑的差异性。这样做不仅保留了原文的文化要素,也达到了与原作类似的语言效果,还使得中国建筑文化成功地走出去。

3. 直译加注

受历史习惯、社会风俗的影响,不同的文化难免存在空缺,这给译者带

第八章　跨文化交际视阈下的旅游商务英语翻译研究

来了巨大的困难。当然,这在旅游建筑文化的翻译中也是如此。例如,中国的很多建筑有着悠久的历史,并极具特色,很多术语对于外国人也是闻所未闻的,如果在翻译时不进行特殊处理,那么会让译入语读者不知所云,也就很难实现翻译的目的。因此,对于此类,译者应该从源语文本考量,本着传播中国建筑文化的目的,采用音译加注的方式来处理。例如:

高大的承天门城楼立在城台上,面阔九间……

The tall and noble Chengtianmen Rostrum stand on the platform with a nine Jian (the distance between two columns: often used in descriptions of ancient architecture)...

上例中,"间"是中国传统建筑术语,即四根木头圆柱围成的空间,但是这个字对于西方建筑并不适用,西方建筑往往采用的是"平方米"。对于二者的换算,当前还没有踪迹可寻。因此,最好的翻译方法就是直接翻译为"间",然后在后面添加解释,即中国古代建筑的一种丈量单位,这样译入语读者就能够理解了。

4. 省译法

省译又称"删减"翻译,是指在翻译的过程中省掉一些东西。在旅游商务文本翻译中,"省译"一般适用于汉译英。中文的旅游文本符合汉语美学的特点,更善于写景和抒情,而且常常使用一些夸张手法让读者产生一种形象美,这种写作手法对中文读者来说完全是可以接受的,而且符合中文读者的审美预期,但是对英语读者来说,他们的思维方式决定了他们更愿意看到一些实质性信息,如果直译,效果会适得其反,所以有些夸张和渲染的词句最后删减不译。例如:

旧历辛亥年,即公元1911年10月10日,是中国近代史上一个极不平凡的日子,在武汉这块蕴含了多年灿烂古代文明的土地上,演绎了一出波澜壮阔的近代风云,绵延了两千年的中国封建帝制至此开始瓦解。

The year of Xinhai in the traditional Chinese calendar witnessed an extraordinary day in the modern Chinese history—October 10, 1911. It was starting from this day that the Chinese feudal monarchy system which had lasted more than two thousand years began its collapse.

这个海湾最突出、最引人入胜的是她的海水和沙滩。这里湛蓝的海水清澈如镜,能见度超过10米,海底珊瑚保存完好,生活着众多形态各异、色彩缤纷的热带鱼种,是国家级珊瑚礁重点保护区,因此也成了难得的潜水胜地。海湾柔软细腻的沙滩洁白如银,延伸约8公里,长度约是美国夏威夷的3倍。

The most striking view of the bay is the sea and the beach. The sea water is clear with visibility as far down as 10 meters. Under the surface are all kinds of coral and colorful tropical fish, making it an ideal destination for divers. The beach covered with silver-white sand extends 8 km, three times the length of the beach in Hawaii.

这些山峰,连同山上的绿竹翠柳,岸边的村民农舍,时而化入水中,时而化入天际,真是"果然佳胜在兴坪"。

The hills, the green bamboo and willows, and the farmhouses merge with their reflections in the river and lead visitors to a dreamy land.

(二)旅游商务英语中食物的翻译策略

1. 英汉饮食对象

(1)西方以面包为主

面包是西方人的主要食物,几乎一日三餐都少不了。西方国家的面包多数都是咸味的,吃的时候会配合一些冷饮。早餐通常会在烤面包上涂上一层奶油或者果酱,配上牛奶或燕麦;午餐也不复杂,通常是一份加了鸡蛋、蔬菜、奶酪、火腿等的三明治面包。不得不说的是,甜点是深受西方人喜爱的食物。正餐结束后,都会吃一些甜点。蛋、奶、肉是西餐的主菜。西餐中有各种牛排和熏鱼,肉类分三五成熟,蔬菜主要是生食,甜点多是冰淇淋等生冷的食物。

(2)中国讲究主副搭配

中国餐桌上的食物分主食和副食,其中主食以粮食为主,如米、面等;副食以肉类、蔬菜制成的菜肴为主。中国人习惯吃熟的、热的食物。每餐必须都会进行主副食物的搭配,让淀粉、肉类、蔬菜得到很好的融合。中国人吃主食主要是为了饱腹,吃副食是为了调剂和补充。中医认为,生冷食物对人体的内脏有不良影响,所以中国人习惯吃加热之后的食物。一些人在冬天饮酒时,还喜欢温了之后再喝。

中国北方传统的早餐是包子、粥配小菜或豆浆配油条。南方家庭的午餐、晚餐都会有大米,配上有荤有素的菜和汤。

2. 英汉食物制作方式

(1)西方饮食方式单一

西方人摄取食物主要是为了营养,所以在烹制食物时尽可能保留其营养,饮食对象较为单一。西方人吃饭的目的在于生存与交往,所以在烹制程

第八章　跨文化交际视阈下的旅游商务英语翻译研究

序上有一套标准。

西方的菜谱整体上更为精确、科学,调料的添加、烹饪的时间都是有规定的,甚至他们厨房中都配有量杯、天平等,这样才能保证食物与配料添加的比例。正如肯德基、麦当劳,无论你在世界上任何一个地方吃,都会吃出一个味道,这是因为他们是严格按照世界通用的标准来烹饪的,这套方法做出的食物几乎保持了食物本身的味道。

(2)中国饮食方式繁多

因为中国人的饮食对象非常广泛,所以烹调的方式也更加繁多,中餐的烹饪程序极为丰富。比如,"宫保鸡丁"这道菜,去中国不同的地方吃会吃出不同的味道,甚至味道的差别很大。在辅料上,中国的食物往往以"一汤匙""适量"等来描述,这样就导致没有一个统一的标准,不同的师傅做出来的也必然有所差异。

在烹饪程序上,厨师会根据自己的方式进行改良和创新,不会有严格的执行标准,于是中国出现了各种菜系。一些厨师为了追求味道的鲜美与独特,还会根据季节、客人的需求等将同一道菜做出不同的味道。

3. 英汉食物的烹调技术

西方食物的烹调技术较为落后,食材的分类也极为简单,主要有烤、炸、煎等制作食物的方式,经常将各种食材混在一块烹制,如将面食与肉类、蔬菜,甚至水果混在一起。

相反,中国食物的烹调技术享誉全世界,其种类丰富多样。具体来说,中国食物烹调技术非常高超,具体体现在如下几个方面。

其一,中国文明开化的时间很早,所以中国人的烹调技术十分发达,对食材的冷与热、生与熟以及同种食材的不同产地都有很多讲究。此外,烹制食物的过程中还很注重对火候和时间的掌握。

其二,中国人对食物的加工方法特别考究。中国的刀工主要有切片、切丝、切丁、切柳、切碎、去皮、去骨、去壳、刮鳞、削、雕等各种技法。

其三,中国的烹调方式更加丰富,包括煎、炒、烹、炸、烧、蒸、爆、煮、炖、煨、焖、熏、烤、烘、白灼等。

其四,中国食物的烹制还经常就地取材,于是形成了中国著名的八大菜系:京菜、川菜、鲁菜、粤菜、湘菜、徽菜、苏菜、闽菜。

4. 英汉食物翻译策略

(1)西方酒名的翻译

西方的酒文化有着悠久的历史,随着历史的积淀,西方的酒文化逐渐形成自身的特点。对于酒名的翻译,一般可以采用以下几种翻译技巧。

①直译法。有些酒名采用直译法进行翻译,可以实现较好的翻译效果。例如:

Bombay Sapphire 孟买蓝宝石

Canadian Club 加拿大俱乐部

②音译法。在西方酒名的翻译中,音译法是最常见的方法,并且主要适用于原有的商标名没有任何其他含义的情况。例如:

Vermouth 味美思

上例中 Vermouth 本义为"苦艾酒",因为其在制作过程中添加了苦艾叶,并且以葡萄酒作为酒基,因此微微带有苦涩的味道,但是如果仅仅以其中的一个原料命名实为不妥,听起来给人以忧伤的感觉,与葡萄酒香甜的味道相违背,因此采用音译,改译为"味美思"更为恰当。再如:

Vodka 伏特加

Whisky 威士忌

Dunhill 登喜路

Hennessy 轩尼诗

Long John 龙津

Martini 马丁尼

Richard 力加

Rum 兰姆酒

③意译法。意译也是西方酒文化翻译的常见方法。例如:

Pink Lady 粉红佳人

Amaretto Sour 杏仁酸酒

Foster's 福士啤酒

(2)中国刀工的翻译

刀工其实就是切菜的技术。要想做成一道好菜、一碗好饭,除了取决于配料,还与厨师对食材的处理即刀工有很大关系。通常,中国的刀工翻译成英文可以采用直译法。例如:

切丁 dicing

酿 tufting

去骨 boning

刮鳞 scaling

剁末 mashing

切碎 mincing

刻、雕 caving

第八章 跨文化交际视阈下的旅游商务英语翻译研究

切丝 shredding

切柳 filleting

切片 slicing

去壳 shelling

切、削 cutting

(3)中国烹饪方式的翻译

中国食物的烹调方式十分繁多,这里简单说明各种烹调方式,并对它们进行翻译。

①煲、煮、炖。这三种烹调方式的共同点是均要将食物置于有水的炊具中,然后加温,使食物变熟。

煲(stewed):是指将食物放入一个煲中,加水加温煮。例如:

煲牛腩 stew brisket or stewed brisket

煮(boiled):是指将食物放在有水的锅里煮。例如:

煮鸡蛋 boiled egg

快煮 instant-boiling/quick-boiling

慢煮 slow-boiling

炖(stewed):是指将食物煮至熟烂。例如:

炖肉 stewed pork

②煎、炒、炸。这三种食物的烹制方式有一个共同点,即烹制食品的时候不用水,只用油,即将油置于锅内,加高温使食物至熟。

煎(fried or pan-fried):是指在锅里放少量的油加热,把食物置于其中使表面至黄。例如:

煎鱼 fried fish

炒(stir-fried):是指在锅里放少量的油加热,放入食物并不停翻炒直至熟。例如:

炒鱿鱼 stir-fried sliced squid

炒蛋 scrambled egg

爆(quick-fried):是炒的一种方式,即快速炒使食物至熟。例如:

爆牛肉 quick-fried beef

炸(deep-fried):是指把食物放进滚沸的油里使之变熟。炸的分类也很多。例如:

干炸 dry deep-fried

软炸 soft deep-fried

酥炸 crisp deep-fried

炸排骨 deep-fried spareribs

③烧、焖、扒。烧(braised):是指先用油炸,后加进酱油等作料烧。例如:

红烧鲤鱼 braised carp with brown sauce

焖(braised):是指紧盖锅盖,用文火把食物煮熟或炖烂。例如:

黄焖鸭块 braised duck with brown sauce

扒(stewed or braised):是指用文火将食物煨或炖烂。例如:

扒羊肉 stewed or braised mutton

④烘、烤、焙。三种烹调方式的共同之处是食物与明火直接接触或放在铁架上烧,或者放在烤箱里烤。

烘(baked):是指用火或热气使食物变热、变干至熟。例如:

烘面包 baked bread

烤(roast,barbecued):是指食物在火上烤使之变干直至熟透。例如:

烤鸭 roast duck

焙(baked):是指用干热使食物变熟。例如:

焙土豆片 baked potato chips

(三)旅游商务英语中菜名的翻译策略

对于中西菜名的差异,这里主要围绕其菜式的命名方式进行探究。对于对方国家来说,菜式的命名注重直接性,大多数西式菜肴的命名方式都是直截了当的,并且多采用原料结合烹饪的方式进行命名,如 Pizza,Salad 等。

就中国来说,菜式命名的特点是"犹抱琵琶半遮面",其命名含蓄、动听,菜名中多见比喻、象征、双关等修辞,甚至一些中式菜肴杂糅了大量的历史文化信息。例如,"佛跳墙""东坡肉""八仙过海"等。可见,中国菜肴名称极具艺术性,充分体现了中国源远流长的文化体系。但是,中式菜肴的命名方式也有一定缺陷,即翻译难度大、缺乏实用性。①

1. 英语菜名的翻译方法

西方人在摄取食物时,注重的是营养,对人体的益处,强调用新鲜原料,烹饪时保持菜肴原有的营养成分与味道,所以蔬菜基本都是生吃。比如,色拉的制作主要是蔬菜和水果混合而成。因此,当我们看到西式菜肴中的色拉时能立即了解其所含的原料和配料。翻译时可以直截了当,清楚地呈现

---

① 成程. 中西饮食文化差异与菜肴翻译技巧分析[J]. 湖北函授大学学报,2018,(12):154-155.

给读者。① 例如：

sunshine salad 胡萝卜色拉
home-made vegetable salad 家常蔬菜色拉
fruit salad 水果色拉

2. 汉语菜名的翻译方法

(1) 直译法

很多西方菜采用的是原料加烹饪方法的命名方式，所以将中国菜名英译时可以参照西方菜名，将对应的制作方法翻译出来，然后以菜的主要原料为中心词即可。例如：

五色糯米饭 five-colored glutinous rice
小鸡炖蘑菇 stewed chicken with mushroom
鸡油卷 chicken-fat rolls

(2) 意译法

因为很多中国菜名使用了比喻、双关、夸张等修辞，用象形手法或者借用典故、传说等命名，用于表达吉祥如意和美好的愿望，很多菜肴在述说动人的传说轶事，所以翻译仅靠直译是很难反映菜肴的成分和内容的，此时就可以采用意译法，不拘泥于菜名的字面意义。② 例如：

翡翠白玉汤 bean curd and chinese cabbage soup
夫妻肺片 sliced beef and ox tongue in chilli sauce
全家福 mixed meat & vegetables
五谷丰登 stewed pork sparerib with vegetable
雪耳氽袈裟 scaled white fungus with veiled lady

(3) 音译法

伴随中国在国际地位上的不断提高，大量具有中国特色的美食得到传播并为外国人所青睐，因此在翻译这类菜名时，译者可以进行迁移处理，即采用音译策略。例如：

馒头 Mantou
饺子 Jiaozi
包子 Baozi
汤圆 Tang Yuan

---

① 马守艳. 中西饮食文化差异及中西菜肴翻译方法[J]. 长沙铁道学院学报,2010,(4)：189-190.
② 徐明. 从中西饮食文化差异角度浅析中式菜肴英译方法[J]. 科技视界,2017,(14)：116-117.

锅贴 Kuo Tieh

需要注意的是,由于我国很多菜肴的名字是以地名命名的,因此在翻译时也要把地名音译过来。例如:

洛阳酸汤 Luoyang sour soup

新乡甜汤 Xin xiang sweet soup

(4)注释法

注释也是饮食翻译的重要策略,译者可以通过注释帮助读者更好地理解原文。例如:

开门红 tender fish head with red pepper (Kaimenhong—literally means business opens with good) start

佛跳墙 steamed Abalone with Shark's Fin and Fish Maw in Broth (Fotiaoqiang—Lured by its delicious aroma, even the Buddha jumped the wall to eat this dish)

(5)音译+注释法

有时候直接采用音译法会使读者很难理解菜名中所隐含的美食文化和魅力,此时可以采取音译加注释的策略。例如:

艾叶糍粑 Ci ba—glutinous rice wrapped in artemisia argyi

油条 Youtiao—deep fried twisted dough stick

豆汁儿 Douzir—fermented bean drink

粽子 Zongzi—pyramid shaped glutinous rice wrapped in reed leaves

二、旅游商务英语翻译的实践

原文:

紫禁城介绍

紫禁城名称中的"紫"字是指北极星,用这个字是为了说明皇帝住的地方是宇宙的中心。紫禁城占地175英亩,四周有护城河和城墙围护,城墙四角建有角楼。午门是皇宫最大的一座城门,也是通向内宫的主要通道。打了胜仗以后,皇帝就在这里主持庆典。

紫禁城分成两部分,前面部分有三大殿。皇帝在这里处理朝政,主持重要仪式。紫禁城内所有建筑物的屋顶都是黄瓦。黄色只有皇帝才能使用。在紫禁城外用黄瓦就是对天子的冒犯。

太和殿是紫禁城中最高大、最富丽堂皇的一座建筑。这座大殿只用于诸如皇帝生日、加冕以及冬至和新年等重要时刻。在大殿中央一座六英尺高的台子上,安放着皇帝宝座(龙床)。周围是珍贵的屏风和景泰蓝香炉。

第八章 跨文化交际视阈下的旅游商务英语翻译研究

大殿外西侧,有一座微型的庙宇,里面曾存放着一只称量谷物的升,也是每年耕种前,皇帝举行验种仪式的地方。

保和殿建于1420年,是举行"殿试"的考场。及第的考生还要在这儿接受皇帝的最后考试。

紫禁城的后部是御花园,这里生长的松柏树有数百年了。花园里有山石、卵石通道、亭台楼阁以及一座有山洞和瀑布的假山。

译文:

The Purple Forbidden City

The word "purple" in the name of the Purple Forbidden City was symbolically associated with the North Star and was used to show that the imperial residence was the cosmic center. The Forbidden City covers an area of 175 acres and is surrounded by a moat and a wall with a watch-tower on each corner. The Wumen Gate or the Meridian Gate is the largest gate in the Palace and also the main entrance leading into the inner court. It was here that the emperor would preside at celebrations of military victories.

The Forbidden City is divided into two sections. The front part has three large halls, where the emperor dealt with state affairs and conducted important ceremonies. The roofs of all the buildings in the Forbidden City yellow tiles outside the Palace would mean offence to the Son of Heaven, another name for the emperor.

The Hall of Supreme Harmony is the tallest and the most magnificent of the palace buildings. It was used by the emperor on some special occasions, such as his birthday, coronation, as well as on the winter solstice and New Year. In the middle of the Hall, on a platform six feet high, stands the emperor's throne, which is surrounded by precious screens and cloisonne incense burners. Outside the Hall to its west, stands a miniature temple, where a grain measure used to be kept; and to its east, there was a sundial. These two objects symbolized imperial justice and rectitude.

The Hall of Central Harmony was used by the emperor for a rest before he entered the Hall of Supreme Harmony. It was also the place where the emperor performed such ceremonies as examining seeds for the new year's planting.

The Hall of Preserving Harmony was built in 1420 and it served as the site for the "Palace Examinations". Here the successful candidates sat for the final test given by the emperor himself.

At the rear of the Forbidden City is the Imperial Garden. The pines and cypresses growing here are several hundred years old and the garden is adorned with rocks, pebble walkways, pavilions and an artificial hill with a cave and a waterfall.

译文分析：

文中紫禁城中的"紫"字是指北极星。"紫禁城"通常译为 the Forbidden City，但因此句强调名称中"紫"字，故译为 the Purple Forbidden City。

第二段最后一句话中，"在紫禁城外用黄瓦就是对天子的冒犯"可译为"Using yellow tiles outside the Palace would mean offence to the Son of Heaven, another name for the emperor."注意对于文化词汇"天子"的英译处理，在直译 the Son of Heaven 后，再续以同位语 another name for the emperor 使英文读者更能明确这个词的文化内涵。

第四段中的"验种仪式"the ceremony of examining seeds for the new year's planting 英译中的 for the new year's planting 采用了增译法，是为了更加明确地传递特有的文化信息。

第九章　跨文化交际视阈下的商品品牌与商务名片翻译研究

企业提供的产品和服务要吸引消费者的眼球,关键一点在于品牌的吸引力。在一定程度上,一个成功的品牌可以有效增强消费者的购买欲望,所以品牌关系重大。此外,企业人在商务往来中必然会交流个人信息,商务名片这么一个小小的事物就承载着持有者的核心信息,其在商务交际活动中的地位不可替代。为此,本章就对跨文化交际视阈下的商品品牌与商务名片翻译展开探究。

第一节　跨文化交际视阈下的商品品牌翻译

一、商品品牌——商标与商号

(一)商标

1. 商标的定义

商标(trademark)在日常生活中可以说是无处不在,它与商品有着非常密切的联系,总部设在日内瓦(Geneva)的世界知识产权组织(WIPO,World Intellectual Property Organization)曾经这样解释商标:"商标是用来区别某一工业或商业企业或这种企业集团的商品的标志。"《朗文英汉双解商业英语词典》对商标的解释为:"放在特定牌子的物品或商品上的特别标志,使该商品区别于其他厂商所出售的相似产品。"《辞海》将商标定义为:"商标是企业、事业单位或个体工商业者对其生产、制造、加工、拣选或经销的商品所使用的标志。一般用文字、图形或其组合,注明在商品、商品包装、招牌、广告上面。"在此,我们可以对商标做一个较准确的描述。

商标是商品的标志,是表明一种商品与其他商品相区别而采用的任何文字、图形、符号、设计或其他组合。它是代表商品质量、性能、技术水平和其他特征的一种标志。

2. 商标的特点

概括来讲,商标具有以下几个特点。

(1)识别性

识别性是商标最基本的功能。商标是商品或商品包装上的标志,具有识别功能和质量保证功能。换句话说,商标必须具备独特的个性,这是由商标的特殊性质和作用决定的。因此,商标的设计必须与众不同,用来区别相似商品,并且要保证它的唯一性。

(2)传达性

大量研究都证明了这样一个道理,即某物的个性特色越鲜明,给人的视觉冲击就越强烈,所带来的刺激自然也是最深刻的。当代社会,商标不仅具有区别其他商品的重要作用,而且通过商标还可以传达一定的含义和某些商品信息,同时在一定程度上还可以传达企业的某些理念。从这个意义上而言,商标应该易于辨识,容易让人了解与记忆。

(3)专用性

人们使用商标的主要目的是与其他人的商品与服务具有一定区别,从而提高消费者的熟知程度。从法律层面上而言,商标、商标词都归个人或者公司所有,具有一定的法律保护功能。因此,经过注册的商标对于其所有人而言,就具有专用、独占的权利,未经注册商标人许可,他人不得擅自使用。否则,就违反了我国商标法律的相关规定。

(4)价值性

商标所有人通过商标的创意、设计、申请注册、广告宣传及使用,使商标具有了价值,也增加了商品的附加值。商标的价值可以通过评估确定。商标可以有偿转让:经商标所有权人同意,可以授权他人使用。

(5)竞争性

商标在一定程度上具有竞争性,这主要体现在市场参与的过程中。通过市场促销、宣传等行为,商标就具有了较高的知名度,从而被消费者所认可与熟悉。从一定程度上而言,企业之间的竞争其实就是围绕商品、服务质量、信誉等层面所展开的竞争,而这些竞争就表现在商标知名度的竞争上。商标的知名度越高,企业的商品、服务竞争能力就越强。

(6)时代性

商标的时代性是指商标必须适应时代的发展,在适当的时候进行合理的调整以避免被时代淘汰。

第九章　跨文化交际视阈下的商品品牌与商务名片翻译研究

(二)商号

1. 商号的定义

商号是企业特定化的标志,经工商部门核准登记后,可以在牌匾、合同及商品包装等方面使用,其专有使用权不具有时间性的特点。只在所依附的厂商消亡时才随之终止。在不同的著述中,商号被称为字号、厂商名称、企业名称等。

通常而言,商号往往包括了企业名称中的核心信息或内容,或者与商标是一致的。例如,日本佳能公司(Canon Inc.),其中Canon不仅是公司的商号,而且也是公司的商标。另外,商号也可以采用创始人的姓名来命名,如Procter & Gamble(P&G),宝洁公司(美国),(P&G)就是两位创始人名字第一个字母的缩写所组成的。

如果商号比较复杂,那么往往涉及以下几项内容。
(1)公司的所属地或注册所在地。
(2)商标名称。
(3)核心经营范围或行业名称。
(4)组织形式或公司类别等。
例如:
(1)公司所属地或注册所在地+行业名称+组织形式
British Petroleum PLC.→英国石油公司
Birmingham Food Products Limited→伯明翰食品有限公司(英国)
British Broadcasting Corporation→英国广播公司
American Telephone & Telegraph Corporation (AT&T)→美国电话电报公司
Minnesota Mining and Manufacturing Company→明尼苏达矿业及制造公司(美国)
Japan Telecom Co.,Ltd.→日本电信有限公司
Hitachi Consulting Corp.→日立咨询公司(日本)
Federal Express Corporation→联邦快递公司(美国)
American International Assurance Co.,Ltd.→美国友邦保险有限公司
中国地质工程集团公司→China Geo-Engineering Corp.
(2)商标名称+行业名称+组织形式或公司类别
Goodyear Tire & Rubber Corporation→固特异轮胎橡胶公司(美国)
Dell Computer Corporation→戴尔电脑公司(美国)

Compaq Computer Corporation→康柏电脑公司(美国)

Shell Oil Company→壳牌石油公司(美国)

Ford Motor Company→福特汽车公司(美国)

康佳电子电器有限公司→Konka Electronic Appliance Co.,Ltd.

(3)公司注册所在地＋商标名称＋行业名称＋组织形式

北京同仁堂科技发展股份有限公司→Beijing Tong Ren Tang Technologies Co.,Ltd.

天津丽明化妆品工业公司→Tianjin Liming Cosmetics Industry Company

盐城中威客车有限公司→Yancheng Zhongwei Bus Corporation

2. 商号的分类

在商务英语中,"公司"一词有多种表达。例如:

(1)美国常用corporation,缩略为corp.,多指股份有限公司

(2)英国常用company,缩略为co.

(3)英国公众公司常用public limited company,缩略为PLC.

按照公司的规模大小,大体上可将公司分为如下几种。

(1)控股集团公司(Holding)

(2)集团公司(Group)

(3)有限公司(Corporation/Company Limited/Company Incorporated, incorporated一词常缩略为inc.或Inc.)

(4)小公司(Firm,常用于法律公司和咨询公司)

例如:

Lehman Brothers Holdings→莱曼兄弟控股公司(美国)

Pepsi Co.,Inc.→ 百事公司

Royal & Sun Alliance Insurance Group→皇家太阳联合保险集团(英国)

东方希望集团→East Hope Group

Avon Products Inc.→雅芳产品有限公司(美国)

武汉中百集团股份有限公司→Wuhan Zhongbai Group Co.,Ltd.

中国武夷实业股份有限公司→China Wuyi Co,,Ltd,

日照钢铁集团→Rizhao Iron and Steel Group

北京瑞云安泰咨询部→Beijing R&A Consulting Firm

从行业类别上,一般可将公司分为如下几种。

企业/实业公司→Enterprise

航空或海运公司→Airlines/Airways,Lines/Line

制药公司→Laboratories

第九章　跨文化交际视阈下的商品品牌与商务名片翻译研究

系统公司→System(s)
代理公司→Agency
网络公司→Net/Networks
工业/实业公司→ Industries/ Industrial Corporation
通信公司→Communications
百货公司→Store(s)
保险公司→Insurance/Assurance Company
服务公司→Service(s)
产品制造、销售公司→Products
例如：
Imperial Chemical Industries→帝国化学工业公司（英国）
Fuji Heavy Industries→富士重工业公司（日本）
Permancnt Industrial Company→永祥实业公司（香港）
北京宏大实业公司→Beijing Hongda Industry Company
Nationwide Insurance Enterprise →全国保险企业公司（美国）
汉强企业有限公司→Hon Keung Enterprise Ltd.（香港）
Motorola Semiconductor Products→摩托罗拉半导体公司（美国）
Snow Brand Milk Products→雪印乳液公司（日本）
Delta Air Lines→德尔塔航空公司（美国）
British Airways PLC.→英国航空公司
Hawaii Air Lines→夏威夷航空公司（美国）
All Nippon Airways→全日空航空公司（日本）
American Export Lines →美国出口航运公司
Carnival Cruise Lines→嘉年华邮轮公司（美国）
Coca-Cola Enterprise →可口可乐企业公司（美国）
Trans Canada Pipelines→泛加输油管道公司（加拿大）
上海航空股份有限公司→Shanghai Airlines Co.,Ltd.
Great Universal Store→大世界百货公司（英国）
Allied Food Industries Co. → 联合食品工业公司（新加坡）
Tesco Stores→坦斯科百货公司（英国）
Federated Department Store→联合百货公司（美国）
Winn-Dixie Stores,Inc. →温迪克西百货公司（美国）
Solarise Enterprise→感光企业公司（美国）
新世界百货中国有限公司→New World Department Store China Limited
恒源祥百货公司→Heng Yuan Xiang Department Store

Abbott Laboratories→艾伯特(雅配)制药公司(美国)

Tyco Laboratories→泰科制药公司(美国)

Standard Life Assurance →标准人寿保险公司(英国)

Alcon Laboratories →爱尔康公司(美国)

Chubb & Son Insurance→查布父子保险公司(美国)

Liberty Mutual Insurance Group→利保相互保险集团(美国)

Maxim Integrated Products→美信集成产品公司(美国)

中国人民保险公司→The People's Insurance Company of China

Shanghai Bell Alcatel Mobile Communication System Co.,Ltd.→上海贝尔阿尔卡特移动通信系统有限公司

Air Products and Chemicals,Inc.→空气化工产品有限公司(美国)

Electronic Data Systems→电子数据系统公司(美国)

PacifiCare Health Systems→太平洋健康系统公司(美国)

Delphi Automotive Systems→德尔福汽车系统公司(美国)

Microelectronics Integrated System→微电子集成系统公司(比利时)

U.S.Postal Services→美国邮政服务公司/美国邮政总局

Hartford Financial Services→哈特福德金融服务公司(美国)

American Mgmt.Systems→ 美国管理系统公司

Barton Protective Services→巴顿保安服务公司(美国)

Sun Life Financial Services →永明金融服务公司(加拿大)

Zurich Financial Services→苏黎世金融服务公司(瑞士)

上海嘉扬信息系统有限公司→Shanghai Kayang Information System Co.,Ltd.

联合服务(香港)有限公司→United Service (HK) Co.,Ltd.

上海宽博清洁服务有限公司→Shanghai Kleango Cleaning Service Co.,Ltd.

中国外轮代理总公司→China Ocean Shipping Agency

中国国际贸易促进委员会商标代理处→Trade Mark Agency of CCPIT

Verizon Communications→弗莱森通信公司(美国)

Qwest Communications International,Inc.→ 奎斯特通讯国际公司(美国)

Stanford Telecommunications,Inc.→斯坦福电信公司(美国)

Fluke Networks→福禄克网络公司(美国)

Nortel Networks→北电网络公司(加拿大)

从公司的管理层次上,可将公司区分为如下几种。

第九章　跨文化交际视阈下的商品品牌与商务名片翻译研究

总公司→Headquarters/ Home Office

分公司→Branch/Branch Office

子公司→Subsidiary

附属公司→Affiliated Company/Affiliate

在我国商务英语翻译实践中,多将 corporation 用于较大公司的英文名称里,我国各大专业进出口总公司的英语名称基本都用 corporation 一词。例如:

中国纺织品进出口总公司→China National Textile Import & Export Corporation

中国对外贸易运输公司→China National Foreign Trade Transportation Corporation

上海对外贸易公司→Shanghai Foreign Trade Corporation

International Business Machines Corporation→(IBM)国际商用机器公司(美国)

International Flavors & Fragrances, Inc. →国际香料香精公司(美国)

Dawson International, Inc. →道森国际有限公司(美国)

General Transport Company→运输总公司(英国)

中国轻工业品进出口公司长春分公司→China National Light Industrial Products Import & Export Corp. Changchun Branch

中国图书进出口总公司→China Books Import & Export Corporation (Head Office)

3M 中国有限公司杭州分公司→3M China Ltd. Hangzhou Branch

Office Onhing Paper (Tianjin) Co. , Ltd. Beijing Subsidiary→安兴纸业(天津)有限公司北京分公司

中国五金矿产进出口总公司→China National Metals and Minerals Import & Export Corporation

Physical Acoustics Corp. Beijing Office→物理声学公司北京代表处

北京丽文贸易公司上海办事处→Beijing Leewen Trading Company Shanghai Office

Central Oil Company→石油总公司(美国)

General Oil Company→石油总公司(英国)

加拿大家政护理服务公司北京代表处→Canada Caregiver Service. Inc. Beijing Representative Office

从公司的组合形式上,又可将公司分为如下几种。

控股公司→Holdings

联号、联合公司→Associate/Associated Company

有限责任公司→Limited Liability Company
股份有限公司→Joint Stock Limited Liability Company
合资公司→Equity Joint Venture
例如：
Accenture Canada Holdings →埃森哲加拿大控股公司(加拿大)
Computer Associates International,Inc. → 国际联合电脑公司(美国)
United Parcel Service,Inc. → 联合包裹服务公司(美国)
United Health Group,Inc. →联合健康集团公司(美国)
Daiwa Bank Holdings →大和银行(日本)
British Nuclear Associate→英国核子联合公司
United Airlines,Inc. →联合航空公司(美国)
Allied Food Industries Co. →联合食品工业公司(新加坡)
HSBC Holdings PLC. → 汇丰控股有限公司(英国)
Manhattan Associates,Inc. →曼哈顿联合软件公司(美国)
Associated British Picture Corporation→英国联合影业公司
First Financial Holdings→第一金融控股公司(中国台湾)

二、商品品牌的语言特点

商号作为专职公司、企业、商店、银行等各种商务单位的名称,频繁地出现在人们的生活当中。商号具有指代、区别、说明的功能,用词明白简洁、通俗易懂,较少使用生僻词。商标则不同,其词的来源有多种途径。

(一)源于普通词汇

普通词汇为商标设计人员提供了更大的创造性和选择余地,但由于受商标法规定所限,普通词汇构成的商标词只能采用间接提示的方法来暗示商品的质量、效能、实用性等。例如：

商标名称	商品种类	商标来源
Diadora(迪亚多纳)	运动服装(意大利)	名词(希腊语"惠赐")
7-Eleven(7-11)	连锁店	数词
Head & Shoulders(海飞丝)	化妆品	短语副词
Concord(君皇表)	手表	名词
Ladybird(利得宝)	儿童读物	名词(动物)

第九章 跨文化交际视阈下的商品品牌与商务名片翻译研究

(二)源于专有名词

早期的商标相当多来源于专有名词,如人名、地名及其变体。例如:

商标名称	商品种类	商标来源
Chanel(香奈儿)	香水	人名
Lancome(兰蔻)	化妆品	法国中部鲁瓦卡河畔的 Lancosme 城堡
Estee Lauder(雅诗兰黛)	化妆品	人名
Longines(浪琴)	手表	瑞士地名
Calvin Klein(卡尔文·克莱恩)	品牌服装	人名
DuPont(杜邦)	药业	人名
Champagne(香槟)	葡萄酒	地名
Grand Canyon(大峡谷)	蒸馏水	地名
Christian Dior(克里斯蒂安·迪奥)	化妆品	人名
Louis Vuitton(路易·威登)	时装	人名
Levi's(利维斯)	品牌服装(牛仔)	人名
Cognac(干邑)	白兰地	地名
Maybelline(美宝莲)	化妆品	创始人的妹妹 Mabel
Swarovski(施华洛世奇)	水晶石	人名

(三)源于公司名称缩写

商标名称	商品种类	商标来源
DKW(迪科沃)	汽车	德意志机动车公司 Deutsche Kraftfahrzeug Werke
BMW(宝马)	汽车	巴伐利亚机械制造厂股份公司 Bayerische Motoren Werke AG
Nabisco(纳贝斯克)	食品	美国全国饼干公司 National Biscuit Company of America

(四)源于臆造词汇

西方商标命名的另一个重要特点是采用词典中并不存在的创新词。但这种创新词并非毫无根据地臆造,而是商标设计者根据商品的特点、性能和功效,利用某些能提示商品信息的词根或词缀,遵循现代英语词汇学上的构词例句而构成的合成词。

这类商标有很多,如小家电"Walkman(随身听)"就是由 Walk＋man 而来,而家电"Irico(彩虹)"则是由 Irix＋Corporation 而来等。此外,有的商标源于语句的组合,如"Put-U-Up(普塔普)";还有的源于英文短语缩写,如美国研究航模飞机制作的"Frog(佛罗格)"就是 fliesright off the ground 的缩写等。在我们熟悉的一些国际著名品牌中,以这类创新词命名的例子数不胜数。

INTEL→英特尔　国际芯片(INTER＋NATIONAL)
Contac→康泰克　感冒药(continuous＋action)
Duracel→劲力　电池(durable＋cell)
Vitasoy→维他　豆奶(vitamins＋soybean)

三、商品品牌的翻译原则

(一)商品品牌之商标的翻译原则

1. 等效原则

翻译商标之前,必须对产品的市场定位、特点、功能以及目标顾客群有充分的认识。只有这样,创作出的译名才能让人过目不忘,并使人产生一些美好的联想。也就是说,商标名的翻译必须像原商标名一样能激起消费者的购买欲望,这一原则就称为等效原则。例如:

Coca-Cola→可口可乐(饮料商标)

2. 简洁原则

简洁是商标翻译的一条重要原则,因为只有短小精悍、节奏明快的商标才便于消费者记忆,才能给消费者带来听觉上的美感。这也有助于产品的宣传与推广。在思考商标译名的时候,应该认识到英汉两种语言的区别,充分结合汉字的特点进行创作,既不能为了简洁而损害原文,也不能为了解释清楚而使得译文啰唆。有很多成功的案例可供我们学习。例如:

第九章　跨文化交际视阈下的商品品牌与商务名片翻译研究

Heineken→喜力（啤酒商标）

Fairchild→仙童（半导体产品商标）

3. 跨文化原则

语言本身承载着丰富的文化，翻译就是一种跨文化交际活动。翻译不是简单将一种文字转换成另一种文字的机械过程，而是两种文化的碰撞和对接。文化差异是不同国家或地区地理位置、民族文化、风俗习惯、宗教信仰和历史特点的综合反映。翻译的同时，既要考虑源语的文化特点，又要兼顾译入语的文化传统。商标的翻译同样如此，在翻译英文商标时，只有将原英文词与中国本土的文化传统有机结合，才能避免文化冲突，也能更好地帮助产品在中国打开销路。

4. 审美原则

商标的最终目的在于宣传产品、销售产品，因此商标必须要有美感，要努力让消费者产生美的感受，喜爱上该产品。因此，在翻译时，也应努力做到意美、形美、音美的结合。对于商标而言，意美是指通过文字的联想意义或文字内涵构筑一定的意境，激发消费者心中强烈的美感，引发他们的丰富联想，对商品产生渴望和追求；形美则指商标译名应具有商标的形式，即言简意赅，选择常用字词，易读、易懂、易记，尽量选用表达美感的词语；音美则指商标译名要节奏明快、读音轻快响亮。

同时，还要尽量满足消费者对产品的心理预期，迎合他们的消费心理。比如，中文商标中多见"吉""利""祥""欢"等字眼，因为中国消费者喜好吉利的词语；女性产品的商标常见"雅""姿""婷""娜"等词语，透露出明显的女性特点及一种优雅的美；儿童产品则使用一些能体现活泼可爱的词语，代表孩子的朝气蓬勃。消费者只有对商标有了认同感和归属感，才会认可该产品。

（二）商品品牌之商号的翻译原则

1. 准确原则

在翻译商号时，首先要看一下这个商号是否已经有了约定俗成的译法，如果已经有了大家都接受的译名，即使译法不合适或不够准确，仍然要遵从该译法，避免不同公司同名或同一公司不同名的现象出现。例如：

First National City Bank→（美国）花旗银行

Standard Charter Bank→（英国）渣打银行

Nestle S. A. →（瑞士）雀巢公司

2. 忠实原则

在翻译商号时,应尽量在发音和词义上保持和原文的一致或相近,不要完全脱离原文,使读者看不出二者的联系,导致无法很好地起到宣传该公司或企业的目的。例如:

Goodyear Tire & Rubber Company→(美国)固特异轮胎橡胶公司
Compaq Computer Corporation→(美国)康柏电脑公司
Walt Disney Company→(美国)沃特迪士尼公司

3. 审美原则

中文选词要有美感,使人读起来朗朗上口,并尽可能简洁且富有褒义或吉祥语义,让人们容易并乐于记住该商号。例如:

Carrefour S. A. →(法国)家乐福股份有限公司
Whirlpool Corporation→(美国)惠尔普公司
Procter & Gamble→(美国)保洁公司

四、商品品牌的翻译方法

(一)商品品牌之商标的翻译方法

1. 音译法

音译法是指在不违背译语言语音规范和不引起错误联想的条件下,按其发音,将源语中单词的发音形式转换成目标语的发音形式。采用音译法翻译的优点就在于既保留了原商标的音韵之美,又能体现异国情调。例如:

Motorola→摩托罗拉(手机)
Addidas→阿迪达斯(体育用品)
L'oreal→欧莱雅(化妆品)

需要注意的是,音译法并不是一定要把英文发音原封不动地和汉语发音相对应,而是要考虑商品的属性,对翻译成汉语之后的汉语意义做适当的调整和变通。

2. 意译法

商标命名时,商家有时为了更好地体现商品的性能和品质,在确定商标和品牌名称时就赋予了它一定的现实意义。例如,日本电气公司有一个著名的电器品牌 Pioneer(先锋),很容易使人联想到该商品锐意创新、质量上

第九章 跨文化交际视阈下的商品品牌与商务名片翻译研究

乘的形象。

3. 直译法

不改变原文的内容和形式,直接按照词义进行翻译的方法就是直译法。例如:

Microsoft→微软(软件)

Shell→壳牌(润滑油)

4. 创意译法

创意译法是指摆脱原商标字面意义的束缚,根据产品的自身特点、市场定位等因素,为产品自创商标名的方法。例如:

Crest→佳洁士(牙膏)

Ariel→碧浪(洗衣粉)

Rejoice→飘柔(洗发水)

5. 半音半意法

半音半意法,顾名思义就是指商标一部分采用音译,另一部分采用意译的方法。其中的音译应以商标寓意为导向,根据另一部分意译的结果来决定。例如,日用消费品企业 Unilevel 中的"uni"意译为"联合",而"level"音译为"利华"。译文"联合利华"似乎在暗示国人"中外合作,有利于中华",从而迎合民众心理,有利于产品进入中国市场。

6. 音意结合法

音意结合法是一种将音译与意译相结合的翻译方法。因此,译名不仅要与原名谐音,而且还要有寓意,反映出商品的某些特征,使消费者从译名的发音和词义中产生与该产品相关的联想。这种译法要求以原商标或品牌为基础,在译语中找到发音与原义相同或相似同时又反映产品一定特征的词汇的方法。现实中音意兼顾译出的商标数不胜数。例如:

Head & Shoulders→海飞丝(洗发水)

Tide→汰渍(洗衣粉)

Benz→奔驰(汽车)

7. 零译法

当某些商标不可译,或者译出会破坏或损失原商标的韵味或者文化内涵的时候,我们就可以不译,这种方法就叫零译法。例如,美国的 IBM

(International Business Machine),很少有人将它称为"国际商业机器公司",而是直接叫它 IBM。

(二)商品品牌之商号的翻译方法

商号的译名应该准确、简洁且富于美感。译名的音、字应当固定,避免出现同一公司不同名的现象。译名应选择富于褒义或美好吉祥的词语,尽量做到易记、易上口、易于识别和传播。若读者一见商号的译名就能联想到商品或厂商本身,效果更佳。例如,Avon Products, Inc.为雅芳产品有限公司(美国),曾被译作"阿冯产品公司",而"阿冯"显然没有"雅芳"更富于美感和女性柔情,因此"雅芳"这一音译名更适合该化妆品公司。"雅芳"产品现已遍布各地,家喻户晓。

商号的翻译方法有多种,包括音译法、意译法、增词法、缩略法、沿用法、直接引用法等。译者须遵循简洁准确、富于美感、易于上口、易于传播的原则,根据不同的情况选择最为切合的翻译方法。

1. 音译法

当商号中含有人名、地名、商标品牌名或者缩略词时,多采用音译法进行翻译。译名应用通俗、易懂、雅致、简洁的字眼,或保留商标的异域特点,或使商标名的译名更富于美感和吉祥之意。例如:

Dow Jones→道·琼斯公司(美国)

Harris Corp.→哈里斯公司(美国)

Woolworths Group PLC.→沃尔沃斯有限公司(澳大利亚)

Boeing→波音公司(美国)

Wal-Mart Stores→沃尔玛百货公司(美国)

Xerox Corporation→施乐公司(美国)

Adidas AG.→阿迪达斯公司(德国)

Tate & Lyle→塔特莱尔公司(英国)

Chrysler Corporation→克莱斯勒汽车公司(美国)

L. M. Ericsson→爱立信公司(瑞典)

Seagram→西格雷公司(加拿大)

Allstate Corporation→好事达公司(美国)

Volvo→沃尔沃汽车公司(英国)

Daimler-Benz→戴姆勒-奔驰公司(德国)

2. 意译法

意译法一般用来翻译以国名、地名或普通名词构成的公司、企业名称。

第九章 跨文化交际视阈下的商品品牌与商务名片翻译研究

例如:
　　Royal Bank of Scotland→(英国)苏格兰皇家银行
　　British Petroleum PLC. →(英国)英国石油公司
　　United Health Group, Inc. →(美国)联合健康集团公司
　　France Telecom→(法国)法国电信公司
　　Federal Express Corporation→(美国)联邦快递公司
　　American Mgmt. Systems→(美国)美国管理系统公司
　　United Parcel Service, Inc. →(美国)联合包裹服务公司

3. 沿用法

有些知名老牌外国公司或企业的汉语译名由来已久,已成为人们公认的标准名称,因此翻译过程中应沿袭约定俗成的译名,不宜改动或重译,否则可能会造成误解。例如:
　　First National City Bank→(美国)花旗银行
　　J. P. Morgan Chase & Co. →(美国)J. P. 摩根大通银行
　　HSBC(Hong Kong & Shanghai Banking Corporation) Holdings PLC.
→(英国)汇丰控股有限公司
　　Cable & Wireless PLC. →(英国)大东电报局

4. 直接引用法

这种方法适用于一些以缩写字母命名的商号。当这些缩写字母不好翻译或翻译出来过于烦琐时,我们可以直接引用原名。例如:
　　CDW Computer Centers→(美国)CDW 计算机中心
　　CMS Energy Corp. →(美国)CMS 能源公司
　　TJX→(美国)TJX 公司(专业零售)
　　SBC Communications Inc. →(美国)SBC 通讯公司
　　HCA→(美国) HCA 公司(医院运营商)

5. 结合法

在翻译实践中,有时需要将以上几种方法灵活地结合起来。例如,有些公司、企业的名称由专有名词加普通名词构成,其汉语译名往往就采用音译和意译结合的方法,即专有名词部分根据其发音进行音译,而普通名词部分则根据其意思进行意译。有些公司、企业的名称既可以直接引用也可以采用音译法来翻译。例如:

Nortel Networks→(加拿大)诺特尔网络公司/北电网络公司
Unilever→(英国)联合利华公司
Midland Bank→(英国)米兰银行
TUI AG.→(德国)TUI公司/途易公司(旅游企业)
Kingston Technology Company→(美国)金士顿科技公司
Barton Protective Services→(美国)巴顿保安服务公司
Sunldst Growers, Inc.→(美国)新奇士果农公司

五、商品品牌之商标、商号翻译实践

案例一：
原文：
1. Playboy
2. Fiyta
3. Ford
4. Youngor
5. Quaker Oats
6. Hitachi
7. Sprite
8. Qingdao
9. Nokia
10. McDonald's
11. Pierre Cardin
12. Omega
13. Poison
14. Pepsi-Cola
15. Safeguard
16. Montagut
17. Citroen
18. Haier
19. Rejoice
20. Head & Shoulder
21. Goldlion
22. Nippon Mouse

第九章 跨文化交际视阈下的商品品牌与商务名片翻译研究

23. Luxury
24. Maxam
25. Lotus

译文：

1. 花花公子（时装）
2. 飞亚达（手表）
3. 福特（汽车）
4. 雅格尔（西服）
5. 桂格麦片
6. 日立（电器）
7. 雪碧
8. 青岛（啤酒）
9. 诺基亚（手机）
10. 麦当劳（快餐）
11. 皮尔·卡丹
12. 欧米茄（手表）
13. 百爱神（香水）
14. 百事可乐（饮料）
15. 舒肤佳（香皂）
16. 梦特娇（服装）
17. 雪铁龙（服装）
18. 海尔
19. 飘柔
20. 海飞丝
21. 金利来
22. 立邦漆
23. 立士洁
24. 美加净
25. 莲花（汽车）

译文分析：

案例一是商标翻译的教学实践。下面我们对其译文进行简要分析。

Playboy 这个商标翻译如果采用音译法，译文会使人不知所云，无法使人联想到时装，或汉语不太顺口醒目，所以采用意译法，使人联想到该时装是有品位、受欢迎的时尚人士的首选。

Fiyta这个商标是臆造出来的,所以在翻译时无法用意译把其内涵表达出来,因此采用音译的方法,翻译成"飞亚达",既保留原文的风韵,又有一种异国情调美。

Ford这个商标翻译是源于人名的翻译,所以翻译出来的直接就是汽车的创始人福特,给人一种有身份、地位的人才选的车的感觉。

Youngor商标翻译采用音义兼顾法,不仅发音与原文相似,而且给人一种"穿上它会更年轻、更时尚、更优雅"的暗示。

Quaker Oats商标源自基督教新教的贵格会(又称"公谊会"或者"交友派"),给人一种神圣而又神秘的感觉,让人产生想要探索的渴望。

Hitachi是由日文转译过来的英文单词,在汉语中有约定俗成的译文,即"日立"。

Sprite的本意是"小精灵、鬼怪",如果直接用这样的译名,恐怕无法为中国的消费者所理解和接受。用创意译法将其翻译为"雪碧",生动地体现了这种饮料的晶莹透明、冰凉爽口的特点,所以深受消费者的欢迎。

案例二:
原文:
1. CGNU PLC.
2. British Steel
3. Fiat
4. Smith Brothers
5. Hershey Foods Corp.
6. Liberty Airlines
7. New World Trading Company
8. Hewlett-Packard Company
9. Caltex Oil Crop.
10. American Export Lines
11. Delta Air Lines
12. Imperial Chemical Industries PLC.
13. Nike,Inc.
14. Circuit City Stores,Inc.
15. Nationwide Insurance Enterprise
16. PacifiCare Health Systems

第九章　跨文化交际视阈下的商品品牌与商务名片翻译研究

17. Microelectronics Integrated System
18. Commodore Semiconductor Group
19. HSBC Holdings PLC.
20. ABN AMRO Holdings
21. Manhattan Associates, Inc.
22. Qwest Communications International Inc.
23. A. G. Edwards & Sons, Inc.
24. Mitsubishi Electrics & Electroics USA, Inc.
25. Central Oil Company

译文：

例(2)商号

1. CGNU公司(英国)
2. 英国钢铁公司
3. 菲亚特公司(意大利)
4. 史密斯兄弟公司
5. 好时食品公司(美国)
6. 自由航空公司
7. 新世界贸易公司(香港)
8. 惠普公司(美国)
9. 加德士石油公司(美国)
10. 美国出口航运公司(美国)
11. 德尔塔航空公司(美国)
12. 帝国化学工业公司(英国)
13. 耐克公司(美国)
14. 巡回城市百货公司(美国)
15. 全国保险企业公司(美国)
16. 太平洋健康系统公司(美国)
17. 微电子集成系统公司(比利时)
18. 柯莫得半导体集团公司(美国)
19. 汇丰控股有限公司(英国)
20. 雷曼兄弟控股公司(美国)
21. 国际联合电脑公司(美国)
22. 奎斯特通讯国际公司(美国)
23. 查布父子保险公司(美国)

24. 三棱电气电子美国公司(美国)
25. 石油总公司(美国)

译文分析：

案例二是商号翻译的教学实践。下面我们对其译文进行简要分析。

在 CGNU PLC. 这个例子中出现了英文缩写，不太好翻译，所以采用直接引用法。PLC.（Public Limited Company，简称 Public Company），股份有限公司。英国英语，指公司股份可由社会大众认购，其股票公开上市并进行交易的公司。习惯上缩写为：PLC. 或 plc.，置于公司、企业名称之后。

第二个例子中的 British Steel 本身反映出该经营单位的经济性质和经营特点，此时可以用意译法，既忠实地反映了该商号原文的意思，又使读者对它的经营特点一目了然。

Fiat 这个商号只是一个语言符号，在英语中没有特别的意思，因为意译会很不自然或没有对应词，所以采用音译法。

Smith Brothers 这个商号中有 Brothers，公司商号如果出现 Son(s) 或 Brothers 及 & 之类的单词或符号。一般把 Son 或 Brothers 译为"父子公司""兄弟公司"等，而"&"一般不需译出。所以，可以把这个商号翻译成"史密斯兄弟公司"。

Hershey Foods Corp. 这个商号的翻译可以按照一定的规律。Corporation，股份有限公司，缩写 Corp.。常用于美国英语，指具有法人资格的公司。相对于 Company 而言，Corporation 一般规模较大或者开展的业务较广。Hershey Foods 第一眼就会使人知道是一家食品公司，Hershey 可直接按照发音译出。

Liberty Airlines 这个商号用音译不如用意译，把它意译为"自由"，可以使顾客联想到乘坐此航班的飞机自由自在、翱翔万里，另外 Airlines 表明了公司的性质，要把它翻译出来，即翻译成"自由航空公司"。

第二节 跨文化交际视阈下的商务名片翻译

一、商务名片的构成

名片由以下几个部分构成。

名片主人所在单位(公司)名称、单位(公司)地址、名片主人的头衔、联系方式、电子邮箱等。

不同之处:地址表达方式不同,人名表达方式不同。

地址表达方式不同:中文地址是从大到小,先写国名,然后是省、市、区、街道、公司名等;而英文地址的写法顺序是从最小的写起,最后才是国家。

人名表达方式不同:在汉语中是姓在前,名在后;而英语国家人们的姓名是名在前,姓在后。

例如:

CHINA EASTERN AIRLINES
FUZHOU BRANCH (OFFICE)
Wang Jianzhong
General Manager

19 Huangpu Rd, Gulou Area,　　　　Tel:0591-83517303
Fuzhou, Fujian, China　　　　　　　Fax:0591-87517305
E-mail:wangjianzhong@yahoo.cn

国际教育基金会
杰克,丹尼尔项目主任

纽约西18街2号 NY10036　　　　电话:(211)866-7355 转42
国际总部　　　　　　　　　　　　传真:(211)866-7356
电子邮箱:daniel@iefint.lorg

二、商务名片的翻译

(一)姓名的翻译

1. 英汉人名的基本结构

英汉人名均包括姓和名两个基本部分。然而,英汉人名的结构表象存在一个显著的差异,即姓和名的排序不同。

(1)英语人名的排序

英语人名的排列顺序是名在前、姓在后。实际上,除了英语人名,西方印欧语系的多数国家和民族的人名都是这种排序。例如:

Karl Marx(卡尔·马克思):Karl 是名,Marx 是姓。

Edward Adam Davis(爱德华·亚当·戴维斯):Edward 是教名,Adam 是本人名,Davis 为姓。

需要特别指出的是,英美国家的妇女在结婚之前都有自己的姓名,结婚之后会在原名之前加上丈夫的姓。例如,玛丽·怀特(Marie White)女士与基努·里维斯(Keanu Reeves)先生结为夫妻,婚后女方的姓名就成了玛丽·里维斯(Marie Reeves)。

人们在日常交际过程中,要称呼某人时其实不用说全其名字,一般只说出姓即可,如劳伦斯先生、克鲁斯先生等。在一些较为正式的场合中,人们要提及某人的名字时必须说全,不可省略。人名的书写通常可以将名字缩写为一个字头,而姓不能缩写,如 D. C. Sullivan,G. W. Thomson 等。

(2)汉语人名的排序

与英语人名排序正好相反,汉语人名的排列顺序为姓在前、名在后。例如:

赵晓涵:姓是赵,名是晓涵。

李玲:姓是李,名是玲。

2. 英汉姓氏的主要来源

(1)英语姓氏的主要来源

英语姓氏的来源主要有如下几个。

其一,源于自然现象。很多英美人的姓氏都是源于雨、雪、风、霜等自然现象的,还会用其谐音翻译。例如,Snow(斯诺),源于"雪"这一自然现象。

其二,源于动植物名称。有很多英语姓氏与动植物的名称有关。例如,Drake(德雷克),是"公鸭"的名称。

其三,源于父亲的姓。有的人喜欢在父名上加前缀或后缀构成姓氏。例如,Macarthur(麦克阿瑟),是由父名 Arthur 加上前缀 Mac 形成的姓氏。

其四,源于地理特征。不同国家的地形、地貌和气候环境有所不同,生活在各个国家和地区的人们对其生活的地理特征有着深刻的认识。于是,很多西方人直接以地理特征作为自己的姓氏。例如,Ford(福特),表示"可涉水而过的地方"。

其五,源于颜色。颜色既可以体现某种文化内涵,又可以体现某人的审美观念。不管哪个国家,都不可避免地要谈论有关颜色的话题。尤其是英

第九章　跨文化交际视阈下的商品品牌与商务名片翻译研究

美人,他们的很多姓氏都源于颜色词。例如,Black(布莱克),表示"黑色"。

其六,源于职业。人们依靠职业可以获得一定的经济收入,也可以通过其体现自身的身份和地位。但是,从价值层面上说,每种职业都是平等的,不可以高低贵贱作为区分。于是,不少西方姓氏都源于职业术语。例如,Miller(米勒),表示"磨坊主"。

(2)汉语姓氏的主要来源

其一,源于居地。《潜夫论·志氏姓》(王符)指出,"东门、西门、南郭、北郭,所谓居也",意思是"氏以居"。可见,中国姓氏很多都源于居住地名称。例如,"东门"姓,源于春秋时期的公子遂住在东门并号称东门襄仲,之后成为普通的姓氏。

其二,源于故国名。我国在夏、商、周三个朝代均实行封侯赐地,尤其在西周大举分封之后,诸侯国到处都是,有大,也有小,这些国名就成了子孙后代的姓氏。

其三,源于祖先的字或名。中华民族始终倡导缅怀、纪念的文化。于是,不少人直接以祖先的字或名为姓氏,以表示对祖先的感恩之情。例如,"林"姓,周平王之庶子字林开,其后代为了纪念他就姓林。

其四,源于官职。官职作为姓氏使得汉语姓氏出现了单字和复字。如今,比较常见的复姓有司马、司徒、司空、太史等,这在夏、商、周三代其实均为官职,为官者的后代就将这些官职名作为自己的姓。

其五,源于职业。中国的宗法制的一个典型表现是:利用父系关系的亲疏来决定土地、财产和政治地位的分配与继承。宗法制度是我国古代盛行的一种制度,于是出现了子承父业的现象。随后,很多职业技艺都遵循这种传递沿袭规则。因此,许多姓氏都是直接用的某种职业、技艺。例如,"屠、屠羊"的姓氏,源于世代相传的杀牛宰羊的技艺。

3. 英汉人名的起名方式

(1)英语人名的起名方式

其一,以货币取名。西方人很注重对财富的积累和个人的价值,所以很多人直接用货币名称作为自己的名字。例如,Pound(庞德),是英国货币"英镑"的名称。

其二,以神话中的人物命名。很多英语人名源于古希腊或古罗马神话。例如,Irene(艾琳)源于古希腊神话的和平女神,意为"和平"。

其三,以动植物命名。动植物是与人类共生共存的,所以与人类深厚情感是不可忽视的。于是,很多英美人直接将动植物的名称当作自己的名字。例如,Rose(罗斯),指的是玫瑰花。

(2)汉语人名的起名方式

其一,以《周易》命名。因为我国古代的百姓无法准确地把握自然现象、社会现象等,所以当遇到天灾人祸时,总希望能通过神意预测未来,以趋利避害,于是有了《周易》。《周易》被誉为群经之首、大道之源,已成为汉族文化之根。《周易》的思想已经融入中国人生活的方方面面,以周易命名就是其中一个体现。以周易命名,即以生辰八字命名,根据事主的出生年、月、日排出四柱,找出八字中五行所缺,由名字补上,以平衡八字。例如,如果一个人的命中缺金,那么其名字里最好记上"金"字或金字旁,如命名为"鑫";如果一个人命中缺木,通常可以命名为"林"或"森"等。

其二,以历史事件命名。在中国历史发展的长河中,发生了很多重大的历史事件,后人为了纪念这些事件,会以这些事件为后代起名。例如,为了纪念1998年抗洪抢险事件,给当时生的孩子起名为"水生""抗洪"等。

其三,以美好寓意取名。一些人的名字其实表达的是对美好事物的向往与追求。例如,"显祖""光祖""耀宗"等,说明长辈希望他们可以光宗耀祖。

其四,以器物取名。生活中的器物可以为人们提供诸多便利,于是也引起了人们的重视。因此,有人直接用器物的名称为孩子起名,希望孩子长大也能有所作为。例如,珠宝价值连城,人们以它命名为"宝国""宝刚"等。

其五,以动植物取名。我们身边的动植物名称也成了一些人名字的来源,但是在性别上有一定差异。一般,男性会以勇猛的动物命名,代表着威武、顽强;女性会以漂亮的植物命名,代表着美好的容貌。例如,女性命名为花、枝、梅、莲、桂等,体现一种阴柔之美。

4. 英汉人名翻译

(1)"名从主人"

因为英汉人名在构成、来源等方面存在诸多差异,这就需要译者在翻译时要反映出目的语国家中人名的特征。汉语属于表意文字,英语属于表音文字,所以对人名进行翻译时不宜采用转写法,而应采用音译法。音译法即尽可能用目的语语音模仿源语的语音。在翻译人名时,译者需要"名从主人",即翻译时需要按照源语的发音与读音规则。当然,姓名的顺序也应符合目的语国家的规范,前面提到,汉语人名是姓前名后,西方人则相反。根据《关于改革汉语拼音方案为我国人名地名罗马字母拼写的统一规范的报告》,对于英语人名的翻译,译者必须对各国主权予以尊重,采用各国的标准罗马拼写来进行翻译,一律采用音译的方法,而不能使用意译。例如:

Snow不可翻译成"雪",而应该翻译为"斯诺"。

第九章 跨文化交际视阈下的商品品牌与商务名片翻译研究

Talleyrand 不可翻译成"泰里兰",而应该根据法语规则,翻译为"塔列朗"。

在姓名顺序上,也要考虑中西方不同的习惯。例如:

雷锋 Lei Feng

Albert Einstein 阿尔伯特·爱因斯坦

(2)"约定俗成"

人类经历长时间的劳动和思考,确定了各种事物的名称、形式等,最终使它们变成"约定俗成"的事物。很多人名的翻译都遵循了约定俗成的原则。这说明随着历史的发展,很多译名被逐渐沿袭运用并保留下来。例如:

Pearl Buck 赛珍珠

Bernard Shaw 萧伯纳

当然,对于人名的翻译还应根据国家颁布的各种语言译名表,用统一的译音用字,避免译名出现混乱。例如:

Norman Bethune 诺尔曼·白求恩

John Keats 约翰·济慈

Kissinger 基辛格

Pushkin 普希金

(3)同名同译

受社会以及历史等因素的影响,人名翻译经常出现同名不同译现象。例如,对于《红与黑》的作者 Stendhal,《辞海》将这个人名翻译为"司汤达";《中国大百科全书》将这个人名翻译为"斯丹达尔";《外国历史名人辞典》则将这个人名翻译为"斯汤达"。究竟哪个译名准确,读者难以进行判断,所以译者在翻译时要尽量做到同名同译。

(4)归化与异化相结合

很多译者都在困惑,到底应该使用归化策略还是异化策略来翻译人名。实际上,两种翻译策略并没有优劣之分,译者应根据具体情况选择恰当的方式。

我国在改革开放之前,中国人名的翻译都采用的是归化策略。例如,将武打明星"成龙"翻译为 Jackie Chen。

随着文化翻译研究的不断深入,归化策略开始受到学者们的质疑,一些学者认为这种策略不可取,因为无法辨别人名的文化内涵。于是,出现了异化策略。例如:

刘翔 Liu Xiang,而不是 Xiang Liu

姚明 Yao Ming,而不是 Ming Yao

(二)地址的翻译

1. 英汉地名的命名方式

(1)根据姓氏、人名命名

西方不少国家的地名都是按照西方人的姓氏和人名命名的,并且多数都是本国的军事家、科学家、政治家的姓氏或名字。例如:

Madison 麦迪逊

Clinton 克林顿

Lincoln 林肯

姓氏在中国经历了悠久的历史,其也成了很多地名的来源,特别是一些传统的村落和城市,如"赵家沟""金家堡"等。将人名作为某地的地名的情况并不多见,中国古人出于对尊长、君主等的尊重,一般会避讳使用这些人的名字,即使已经存在了,为了避免与君王发生冲突,会进行一定更改。例如,河南洛阳的宁民坊,因为与李世民的名字冲突,被改为"宁人坊"。之后受西方文化的影响,中国以人名为地名命名的逐渐增多,如"高尔基路""中山县"等。

(2)根据美好原文命名

人们都向往美好的生活,所以在给地名命名时,会倾向于选择美好的寓意,给人以吉祥、文雅之感。西方很多国家,一些地名都代表着美好的愿望。例如:

Providence 远见

Hope 希望

Hopewell 憧憬

Union 团结

Independence 独立

受农耕文化的影响,中国人特别追求安定、和平,所以在给某些地方命名时会使用一些有着美好寓意的名字。例如:

寿宁县

兴隆县

忠孝村

(3)根据他国名字命名

一些西方国家的地名属于外来名,特别是在美国这种情况比较常见。因为美国是一个移民国家,很多移民就把自己国家的地名带到了美国。例如:

第九章　跨文化交际视阈下的商品品牌与商务名片翻译研究

Detroit 底特律,源于法语

Charlevoix 查克福克斯,源于法语

Eau Claire 奥克莱尔,源于法语

China 柴纳,源于汉语

Ohio 俄亥俄,源于印第安语

虽然中国的古代比较封闭,但是仍有部分地名是外来的。例如:

德县路,是以德国人名或地名命名的。

威廉路,是以德皇威廉命名的。

(4)根据自然环境命名

自然环境也是英语地名的命名方式,其能体现人们对自然的崇拜和热爱。

其一,源于动植物、矿物。例如:

Wild Horse 怀尔德霍斯,意为野马

Eagle 伊格尔,意为鹰

White Apple 怀特阿普尔,意为白色苹果

Orange 奥兰治,意为橘子

Marathon 马拉松,因多茴香而得名

Idaho 爱达荷州,因山上有很多宝石与有色金属而得名

中国的很多地名源于一些稀奇动物的名称或者这些动物的某个器官的名称或借用一些树木的名字,还有一些地名源自矿产名称。例如:

螃蟹坑

芭蕉村

金田村

其二,源于山水。例如:

Vaucluse 沃克吕兹,源于该省同名泉水。

Piemonte 皮埃蒙特,源于阿尔卑斯山麓。

中国的很多地方是以山或水命名的。例如:

象山

萧山

青海

黑龙江

其三,源自地理位置。例如:

North 诺斯,意为北方。

West Point 西点,意为位于哈德逊河西岸。

我国不少省市的名称都带有方位词。例如:

河南省

河北省

阜南县

2. 英汉地名的特点

英汉地名特点的差异主要体现在写意性与写实性上。写意性即侧重意象,其与真实有着较小的关联。写实性即对事物展开真实的模仿,其与真实有着较大的关联。

在地名上,西方侧重对事物展开实在的论述,并不会引出其他内涵;中国人倾向于引用事物表达一种愿望,如"龙凤村"。

3. 英汉地名翻译

(1)音译法

在翻译地名时,为了保证地名翻译的准确性,并且保留源语文化的底蕴,可以采用音译法。例如:

Berlin 柏林

Vienna 维也纳

有些中国省市在翻译成英文时会直接用汉语拼音代替,即音译。例如:

天津 Tianjing

湖北 Hubei

山西 Shanxi

萧县 Xiaoxian

需要指出的是,有些汉语地名写成拼音形式容易混淆,所以可以用隔音符号分割。例如:

西安 xi'an

兴安 Xing'an

(2)意译法

为了充分表达一些地名的文化内涵,翻译时应该采用意译法。例如:

Great Island 格雷特岛

Mount Alabama 阿拉巴山

North York Shire 北约克郡

Prince of Wales Island 威尔士王子岛

牛尾海 Port Shelter

象鼻山 the Elephant Hill

长城 the Great Wall

第九章　跨文化交际视阈下的商品品牌与商务名片翻译研究

在翻译英文地址时,要注意英文地址与中文地址写法的不同,中文地址是从大到小,先写国名,然后是省、市、区、街道、公司名等。英文地址的写法顺序则是从最小的写起,最后才是国家。所以,在翻译时要注意中英文之间的区别。例如:

香港金钟夏道18号法国驻香港总领事馆译为:Consulate General of France,18 Harcourt Road,Hong Kong

北京市海淀区三环路4号译为:4 Sanhuan Road,Haidian District,Beijing

广州市天河路47号广东外经贸大厦12楼译为:Floor 12,Guangdong Foreign Economic & Trade Mansion,47 Tianhe Road,Guangzhou,China

以下总结了在地址中常见的名称翻译。

名称	英文	举例
房间(室)	Room 或缩写为 R	403室 Room/R 403
楼层	Floor,Level	13楼 Floor/Level 13
单元	Unit,Apartment	2单元 Unit 2
(大)楼	Building 或缩写为 BLDC	3号楼 Building 3
小区	Village	江下小区 Jiangxia Village
街道	Building 或缩写为 BLDC	仙塔街 Xianta Street
路	Road 或缩写为 Rd	八一路 Bayi Road

此外,外国地名一般按照音译法,也有少数意译或音译加意译的,对于大多数的地名来说,都有约定俗成的译法。例如:

音译	意译	音译加意译	一名两译或多译
London 伦敦	Buffalo 水牛城	New Jersey 新泽西	San Francisco 圣佛兰西
Vienna 维也纳	Oxford 牛津	Fast London 东伦敦	Honolulu 火奴鲁鲁,檀香山
Venice 威尼斯	Salt Lake City 盐湖城	Port of Spain 西班牙港	

(三)职务的翻译

职务表示出一个人的身份和地位。在汉语名片中,经常会看到姓名后面罗列了名片主人很多的社会头衔或职位。英文名片则不同,名片上印有的职务往往最能表明持有者身份,有很大的实用性。职务的翻译一般可借鉴它们在英语中的习惯说法。例如:

（企业）董事长:president chairman of the board of directors

总裁（首席执行官）:chief executive officer

首席运营官:chief operating officer

总经理:managing director

办公室助理:office assistant

保安人员:security officer

在进行职务翻译的时候,经常会遇到这样的问题,即汉语表达相同,但翻译成英文后要用不同的词汇予以对应,这主要也是由英文习惯表达方式决定的,如"主任"的英译。

办公室主任 office manager

车间主任 workshop manager

财务主任 financial controller

人大主任 chairman of the People's Congress

外语系主任 dean of the English department

执行主任 executive director

主任护士 senior nurse

再如,"副"的英译。

副市长 deputy mayor

副部长 vice minister

副校长（大学）vice president

副编审 associate senior editor

副教授 associate professor

副经理（助理经理）assistant manager

下面是一些常见职务的翻译。

section chief→科长

secretary general→秘书长

office administrator→行政秘书

research fellow→研究员

practitioner→医士

general manager→总经理

president→总裁

special grade teacher→特级教师

第九章 跨文化交际视阈下的商品品牌与商务名片翻译研究

chairman→主任委员

technician→技师

chancellor→大学名誉校长

advisor/inspector→调研员/巡视员

associate/deputy editor→副主编

chief designer→总设计师

chief impresario→艺术总监

division chief;director→处长

board chairman;chairman→董事长

Accountant→会计师

administrative chief of district→区长

professor→教授

operational manager→业务经理

physician-in-charge→主治医师

president/governor→行长

president;vice-chancellor→大学校长

principal→中学校长

standing director→常务理事

executive director→执行董事/执行理事长

technologist→工艺师

visiting professor→客座教授

chief finance officer(CFO)→财务总监/首席财务官

head nurse→护士长

director→院长

commissioning editor→责任编辑

architect→建筑师

参考文献

[1][英]库珀(Cooper,C.),等.旅游学(第3版)[M].张俐俐,等编译.北京:高等教育出版社,2007.

[2]白靖宇.文化与翻译[M].北京:中国社会科学出版社,2010.

[3]鲍文.国际商务英语学科论[M].北京:国防工业出版社,2009.

[4]鲍晓英,陶友兰.中级英语口译:理论、技巧与实践[M].上海:上海译文出版社,2009.

[5]车丽娟,贾秀海.商务英语翻译教程[M].北京:对外经济贸易大学出版社,2010.

[6]陈可培,边立红.应用文体翻译教程[M].北京:对外经济贸易大学出版社,2012.

[7]陈坤林,何强.中西文化比较[M].北京:国防工业出版社,2012.

[8]戴湘涛,张勤.实用文体汉英翻译教程[M].北京:世界图书出版公司,2012.

[9]段云礼.实用商务英语翻译[M].北京:对外经济贸易大学出版社,2009.

[10]冯莉.商务英语翻译[M].长春:吉林出版集团有限责任公司,2010.

[11]傅敬民.实用商务英语翻译教程[M].上海:华东理工大学出版社,2011.

[12]顾雪梁,李同良.应用英语翻译[M].杭州:浙江大学出版社,2009.

[13]郭贵龙,张宏博.广告英语文体与翻译[M].上海:华东师范大学出版社,2008.

[14]何江波.英语翻译理论与实践教程[M].长沙:湖南大学出版社,2010.

[15]胡庚申.翻译适应选择论[M].武汉:湖北教育出版社,2004.

[16]姜增红.新编商务英汉翻译实务[M].苏州:苏州大学出版社,2010.

[17]康志峰.英语口译理论与实践技艺[M].上海:华东理工大学出版社,2007.

参考文献

[18]李建军.文化翻译论[M].上海:复旦大学出版社,2010.

[19]李明.商务英语翻译(英译汉)[M].北京:高等教育出版社,2007.

[20]李太志.商务英语语言文化对比分析与翻译[M].北京:国防工业出版社,2013.

[21]廖英,莫再树.国际商务英语语言与翻译研究[M].北京:机械工业出版社,2004.

[22]梅德明.高级口译教程[M].上海:上海外语教育出版社,2006.

[23]潘红.商务英语英汉翻译教程[M].北京:中国商务出版社,2004.

[24]彭萍.实用商务文体翻译[M].北京:中央编译出版社,2008.

[25]宿荣江.文化与翻译[M].北京:中国社会出版社,2009.

[26]汪峰,丁丽军.实用英语翻译[M].北京:电子工业出版社,2005.

[27]王斌华.口译·理论·技巧·实践[M].武汉:武汉大学出版社,2006.

[28]王燕希.广告英语[M].北京:对外经济贸易大学出版社,2004.

[29]魏海波.实用英语翻译[M].武汉:武汉理工大学出版社,2009.

[30]翁凤翔.商务英语研究[M].上海:上海交通大学出版社,2009.

[31]武锐.翻译理论探索[M].南京:东南大学出版社,2010.

[32]闫文培.全球化语境下的中西文化及语言对比[M].北京:科学出版社,2007.

[33]严明.跨文化交际理论研究[M].哈尔滨:黑龙江大学出版社,2009.

[34]袁洪,王济华.商务翻译实务[M].北京:对外经济贸易大学出版社,2011.

[35]苑春鸣,姜丽.商务英语翻译[M].北京:外语教学与研究出版社,2013.

[36]曾文华,付红桥.商务英语翻译[M].武汉:武汉理工大学出版社,2009.

[37]张全.全球化语境下的跨文化翻译研究[M].昆明:云南大学出版社,2010.

[38]张佐成.商务英语的理论与实践研究[M].北京:对外经济贸易大学出版社,2008.

[39]王卓.中英文商务信函比较研究[D].长春:长春理工大学,2013.

[40]陈嵩.商务英语翻译中译者的文化适应与文化选择[J].东北农业大学学报,2014,(1).

[41]陈开富,周芹.跨文化意识在商务英语写作中的应用[J].商场现代化,2008,(1).

[42]杜碧辉.商务英语信函翻译中的变通[J].外语研究,2012,(8).

[43]郭伟恩.翻译学视野下的英文广告功能释读[J].福建商业高等专科学校学报,2012,(4).

[44]侯贺英,陈曦.文化体验理论对文化教学的启发[J].时代经贸,2012,(2).

[45]李萍凤.英汉商业广告翻译中的文化及语言差异[J].对外经贸实务,2011,(7).

[46]李小鹏,司蓓蓓.英汉商务信函中模糊限制语使用的对比研究[J].赤峰学院学报,2012,(6).

[47]刘仪.跨文化交际中商务英语写作的文化差异[J].昭通师范高等专科学校学报,2011,(6).

[48]罗梓丰,蒋显文.中西文化差异与化妆品说明书翻译[J].安徽文学,2010,(6).

[49]马秀.商务英语信函的语言特点研究[J].语言广角,2016,(4).

[50]宋永燕.浅谈旅游英语的语言特点[J].旅游经济,2012,(12).

[51]童洁.论旅游英语的翻译方法[J].鄂州大学学报,2011,(3).

[52]汪晓萍.国际商务英语翻译的文化信息等值研究[J].辽宁教育行政学院学报,2015,(5).

[53]王立非,李琳.商务外语的学科内涵与发展路径分析[J].外语界,2011,(6).

[54]翁凤翔.论商务英语翻译的4Es标准[J].上海翻译,2013,(1).

[55]熊薇.文化差异对口译的影响[J].科教文汇(上月旬),2009,(8).

[56]颜红梅.旅游英语的词汇特点及翻译策略[J].现代教育管理,2014,(6).

[57]叶兴国.我国商务英语学科和专业建设的现状和发展趋势(代序)[J].商务英语教学与研究,2014,(0).

[58]张凌凌.跨文化商务交际中商务英语信函翻译浅析[J].学理论,2012,(25).

[59]Newmark,P. *A text book of Translation*[M]. Shanghai:Shanghai Foreign Language Education Press,2001.

[60]Nida,E.A.*Language,culture,and Translation*[M]. Shanghai: Shanghai Foreign Language Education Press,1999.

[61]Nord, C. *Translating as a Purposeful Activity: Functionalist Approaches Explained*[M]. Shanghai:Shanghai Foreign Language Education Press,2001.

[62] Toury, G. *Descriptive Translation Studies and Beyond* [M]. Shanghai:Shanghai Foreign Language Education Press,2001.

[63] Wilss, W. *The Science of Translation: Problems and Methods* [M]. Shanghai:Shanghai Foreign Language Education Press,2001.